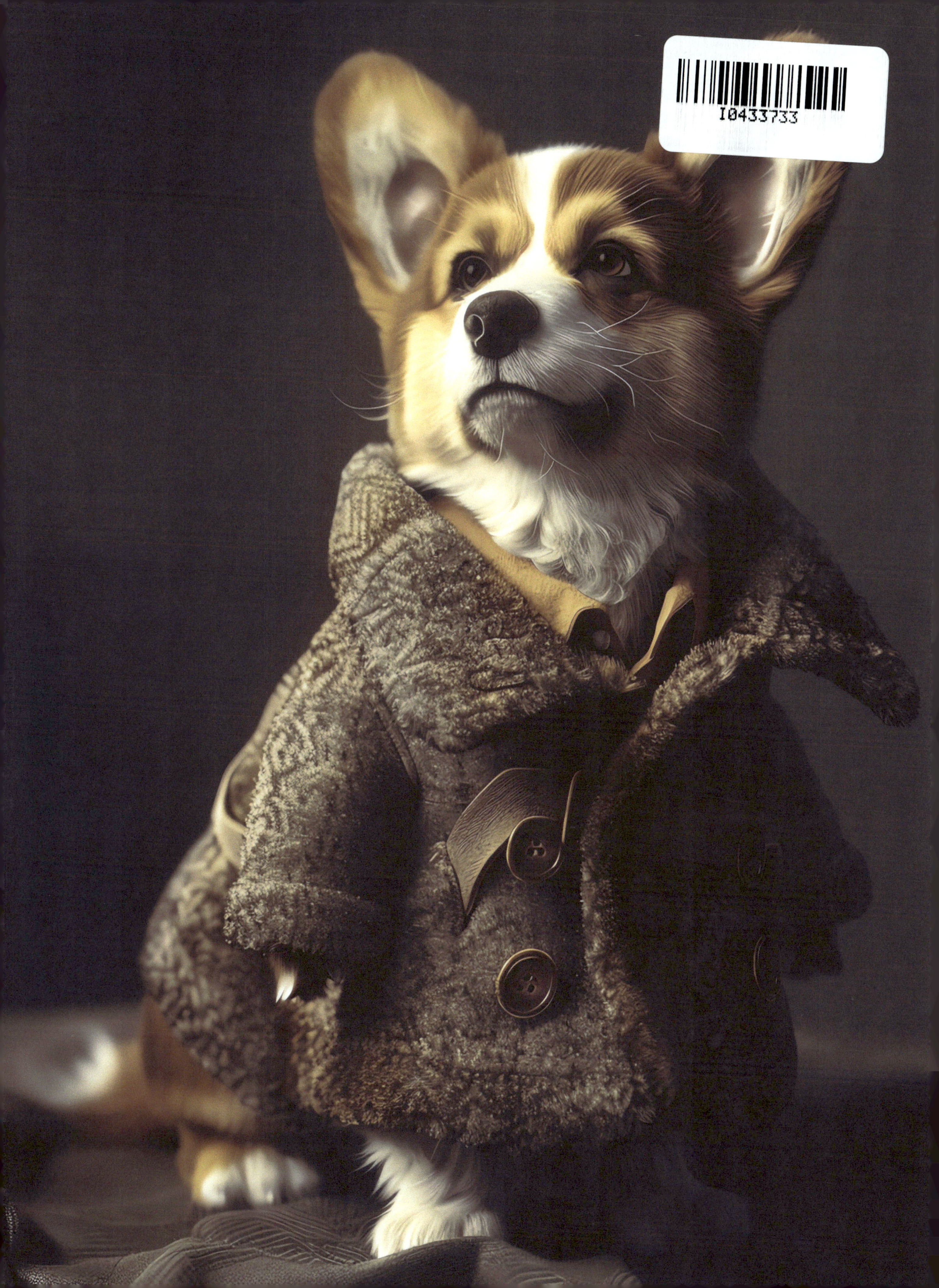

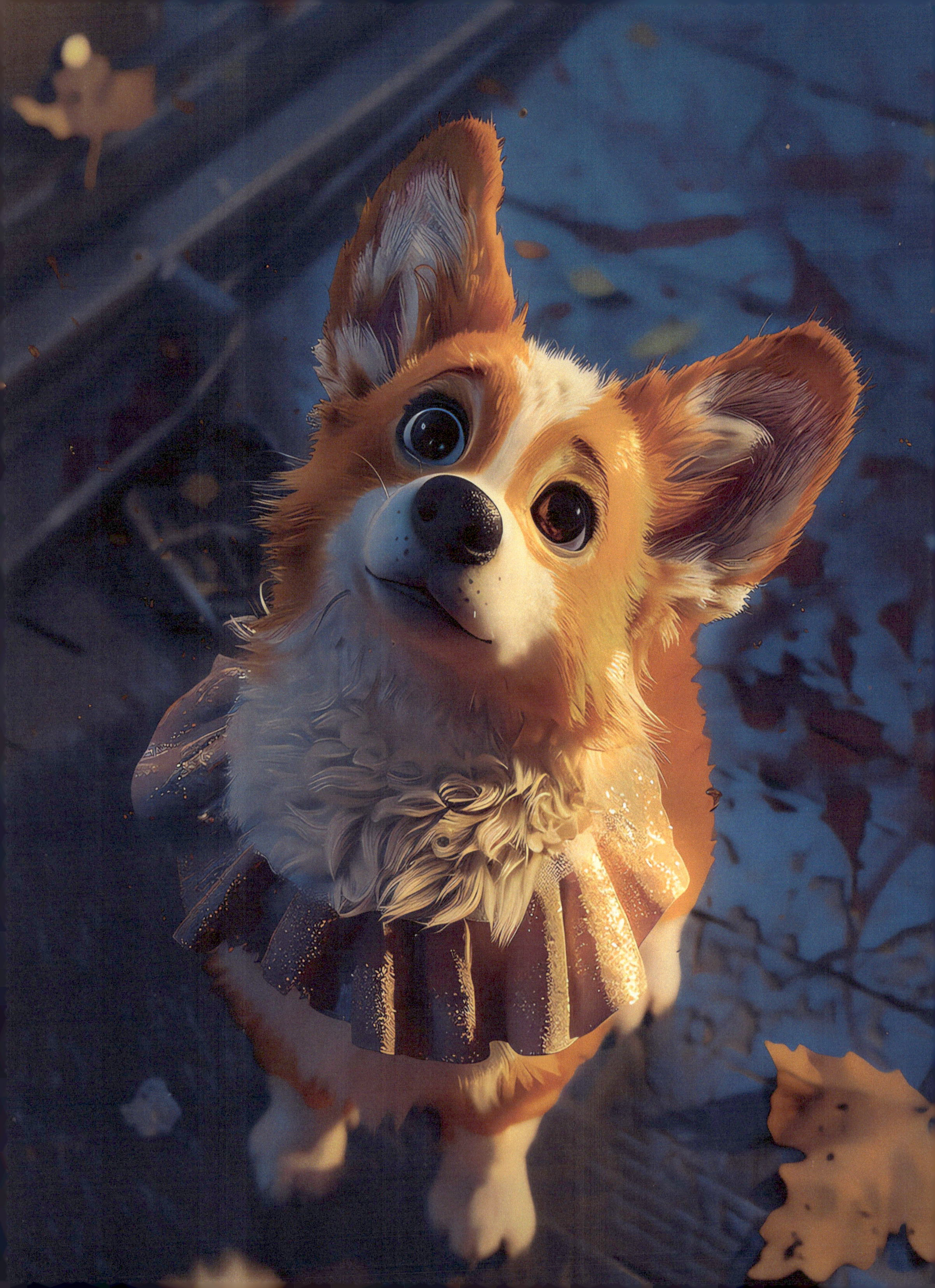

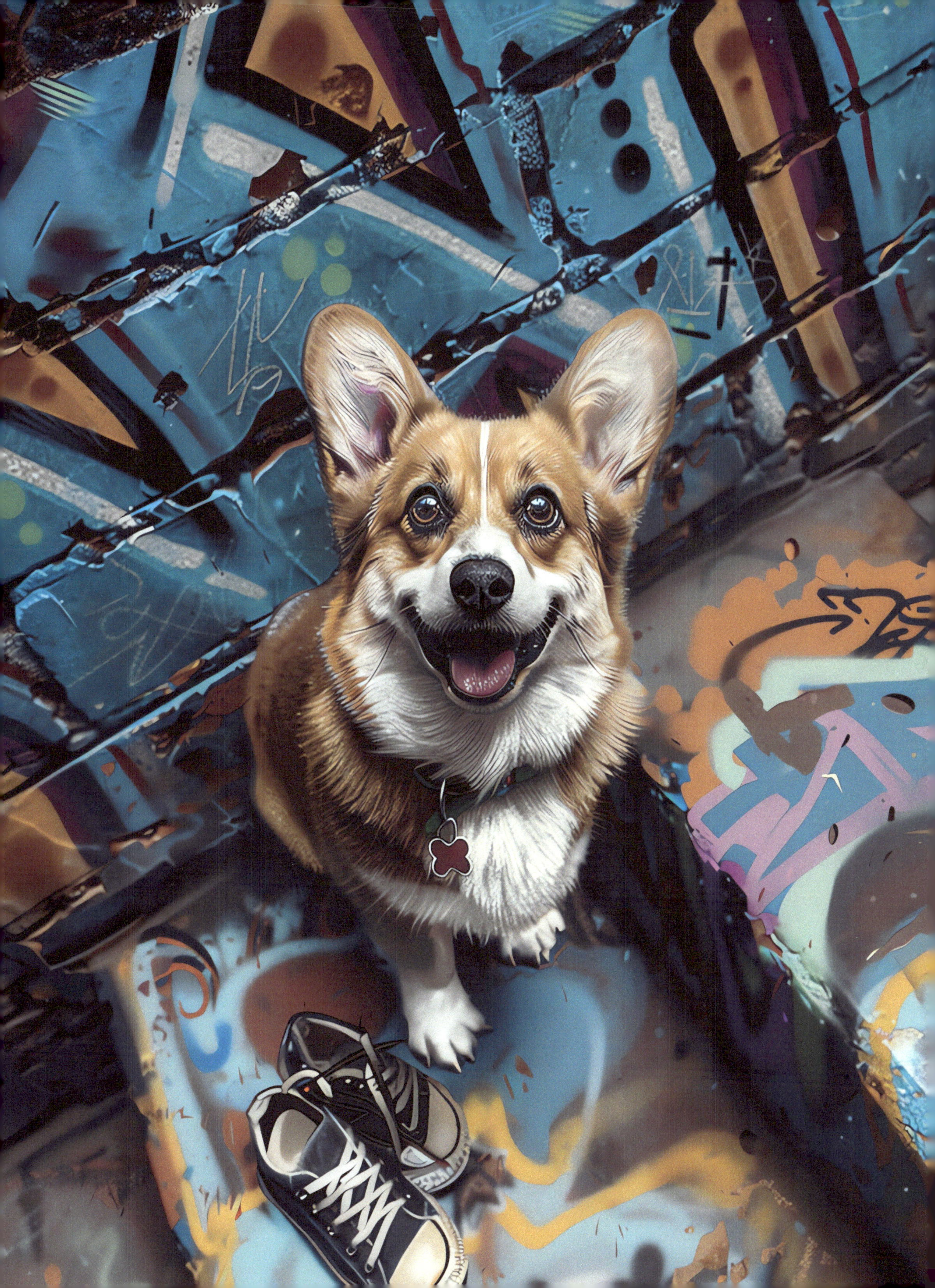

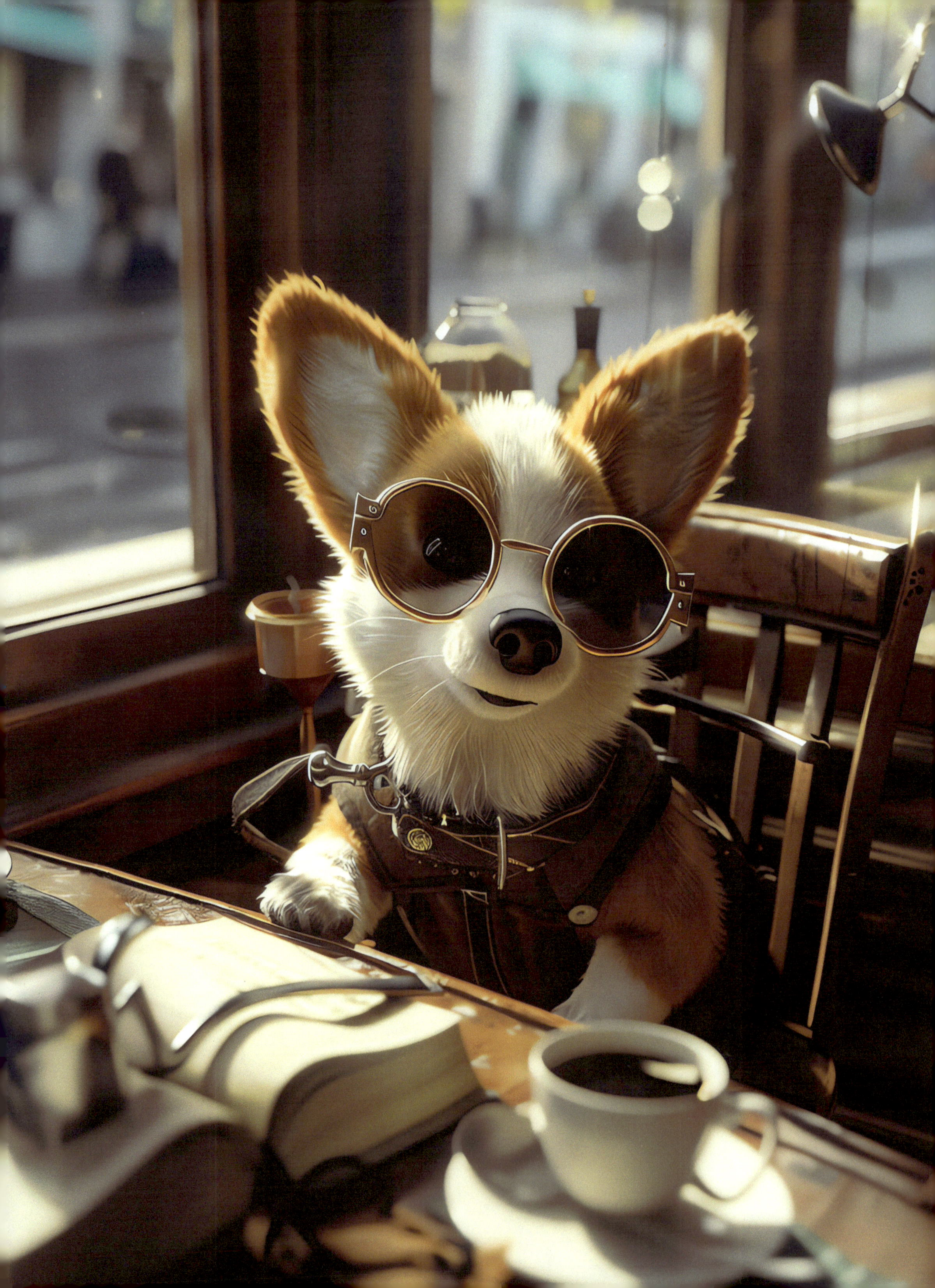

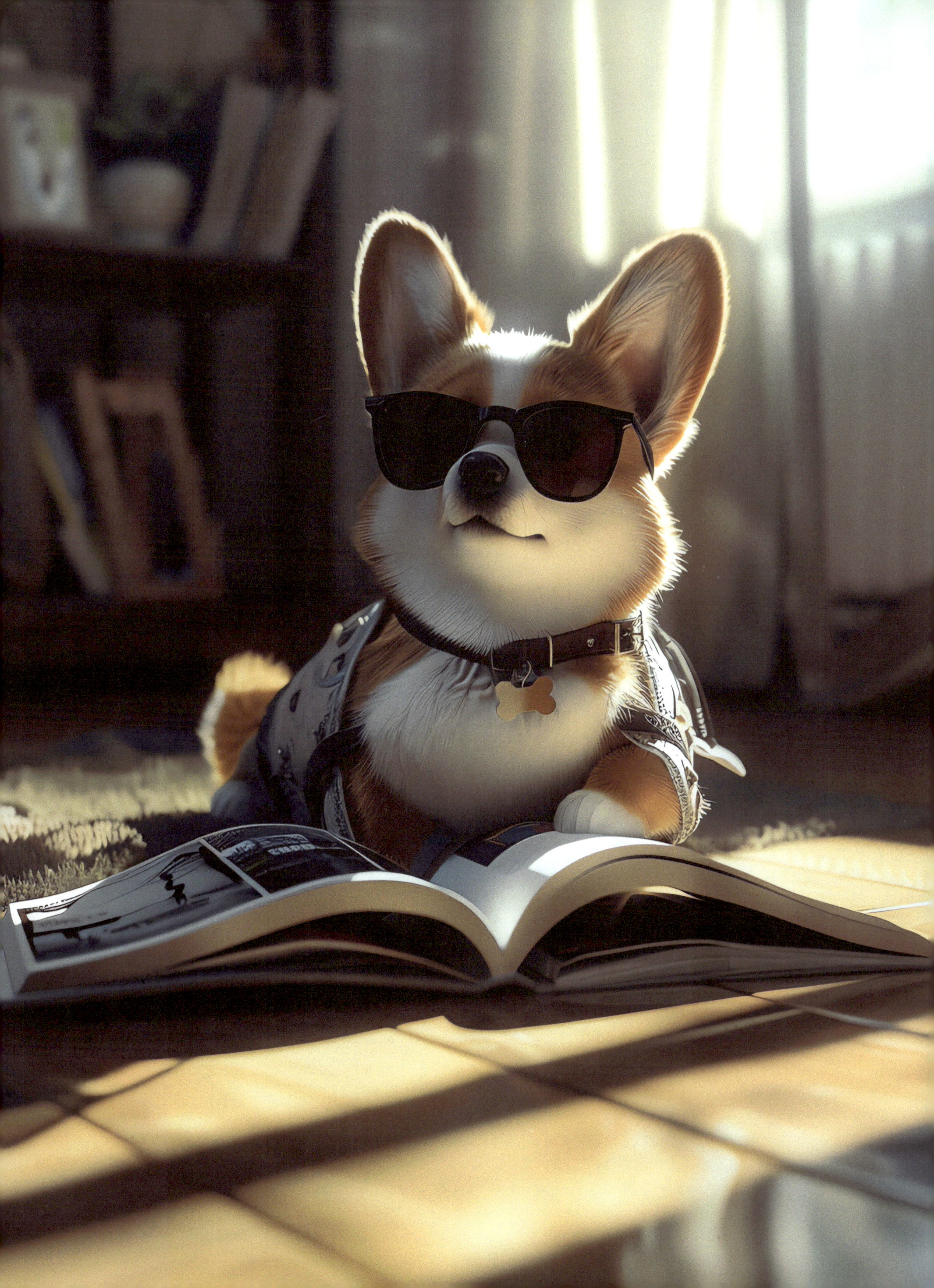

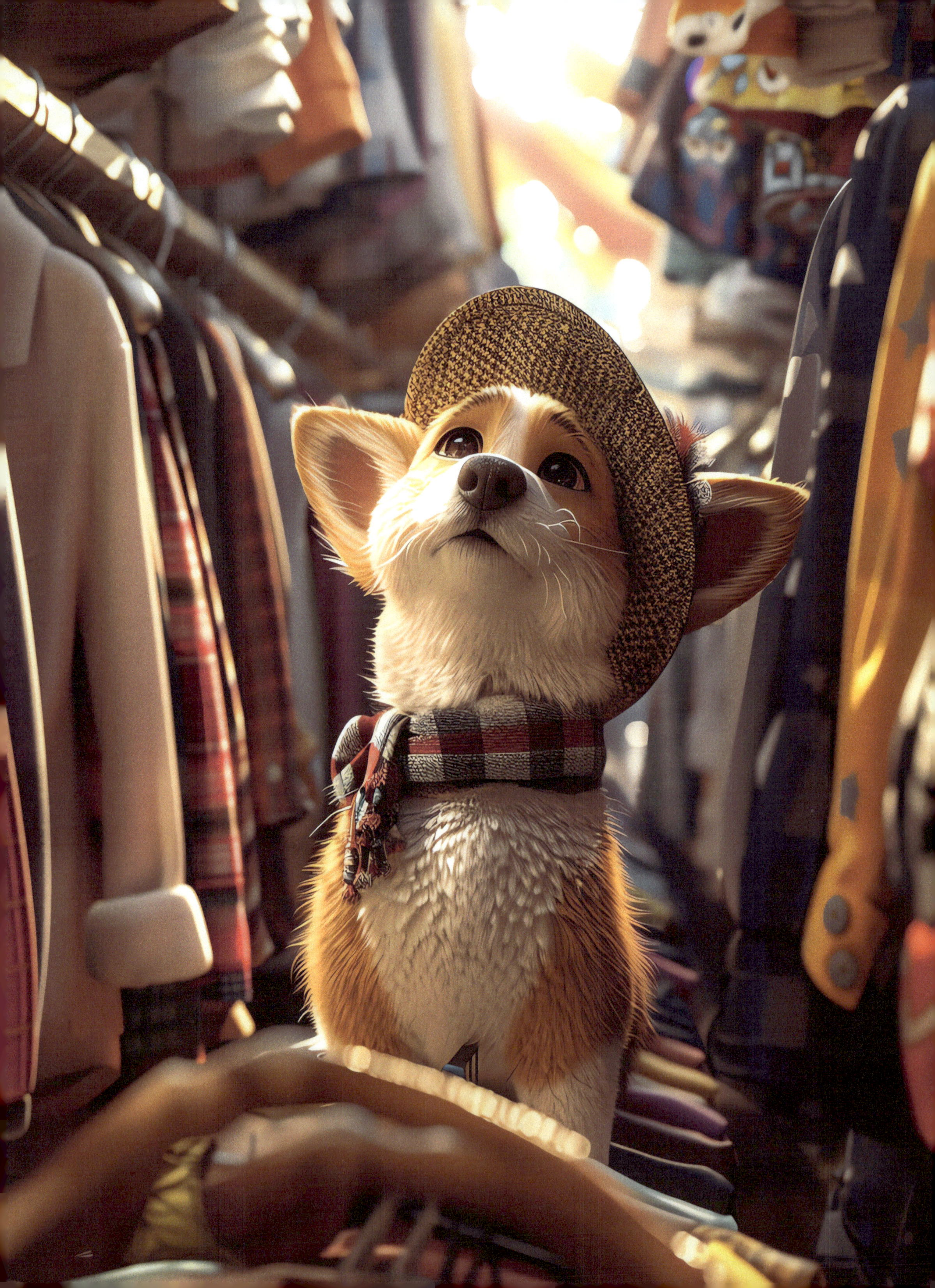

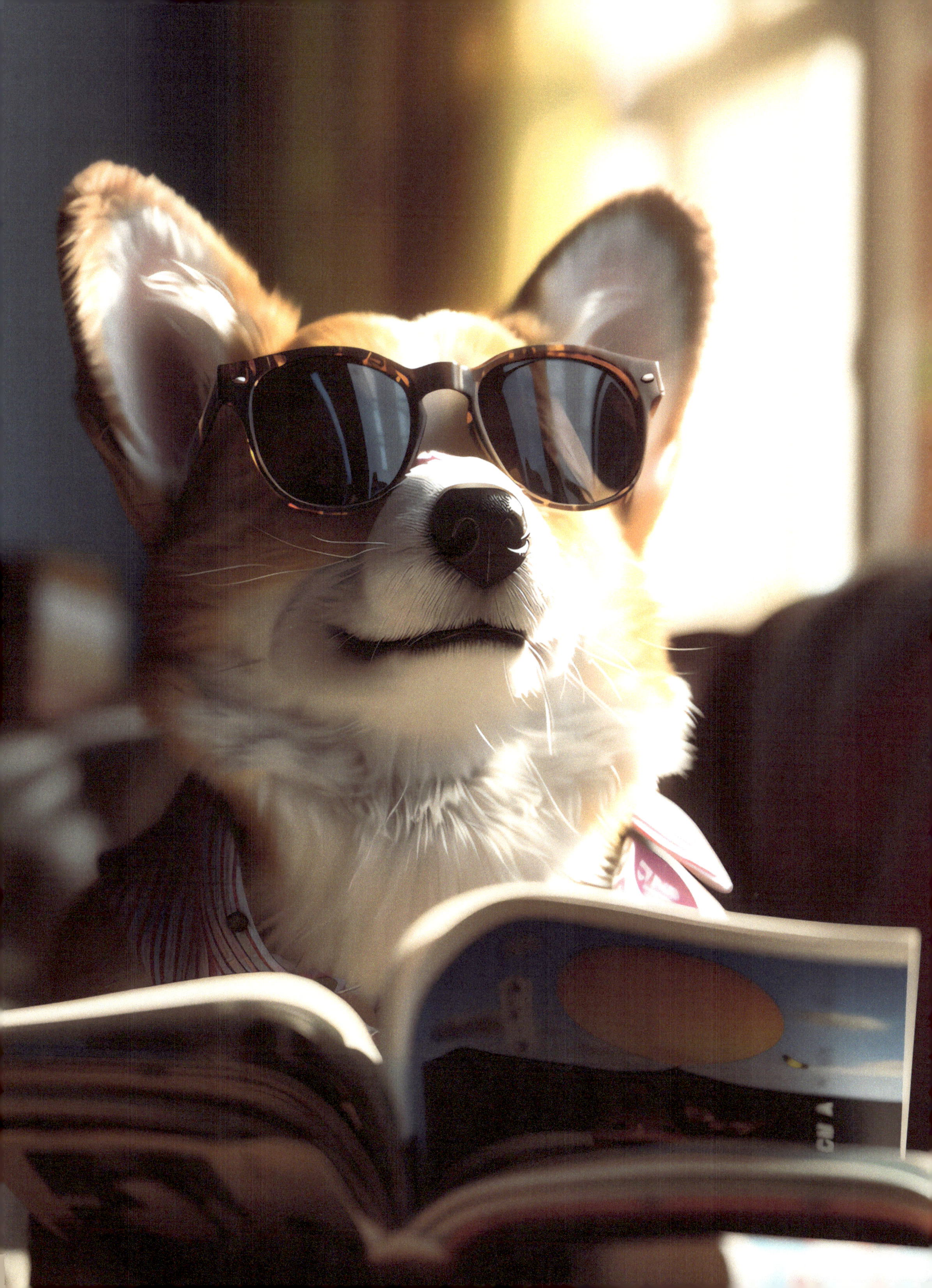

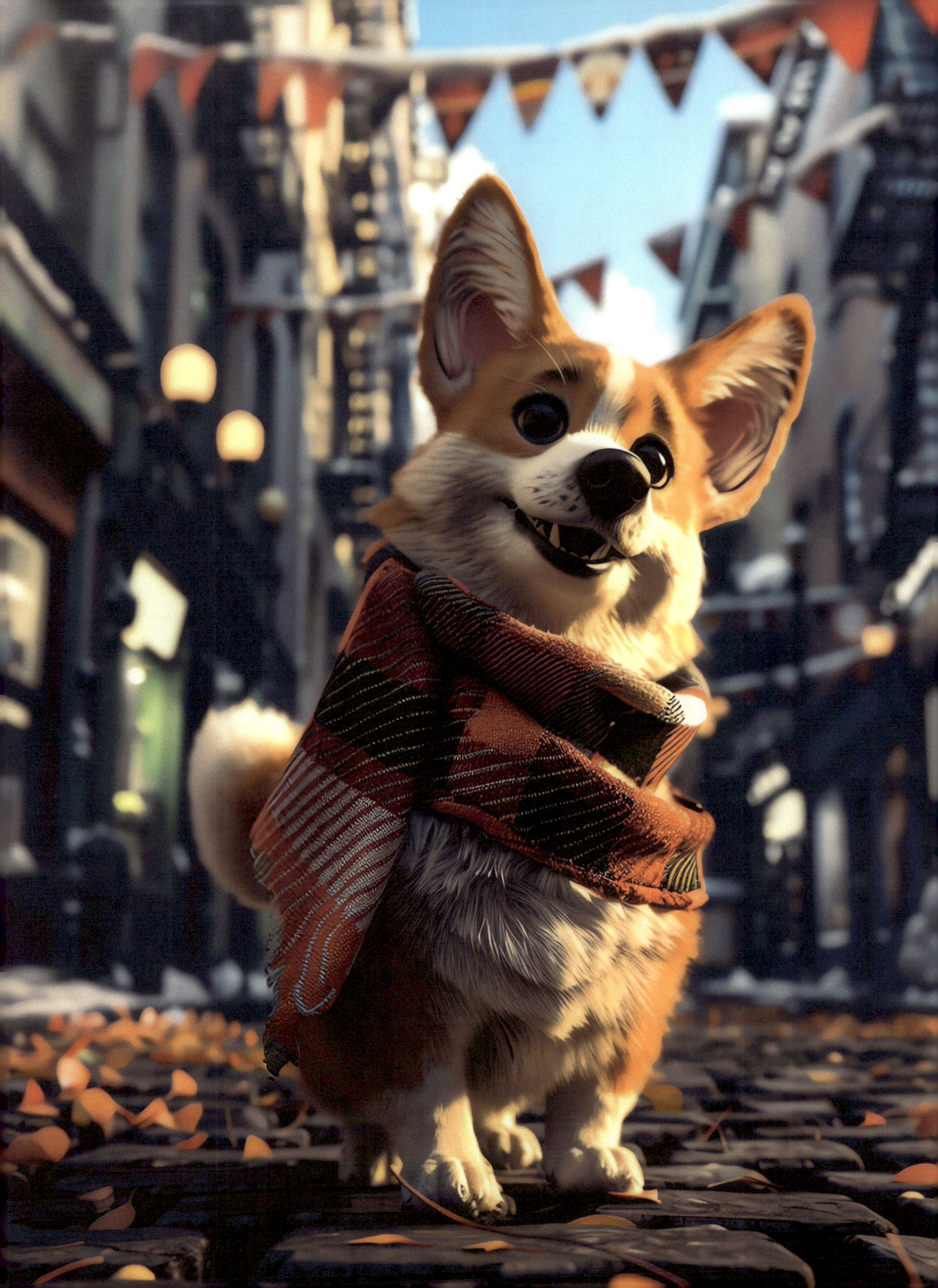

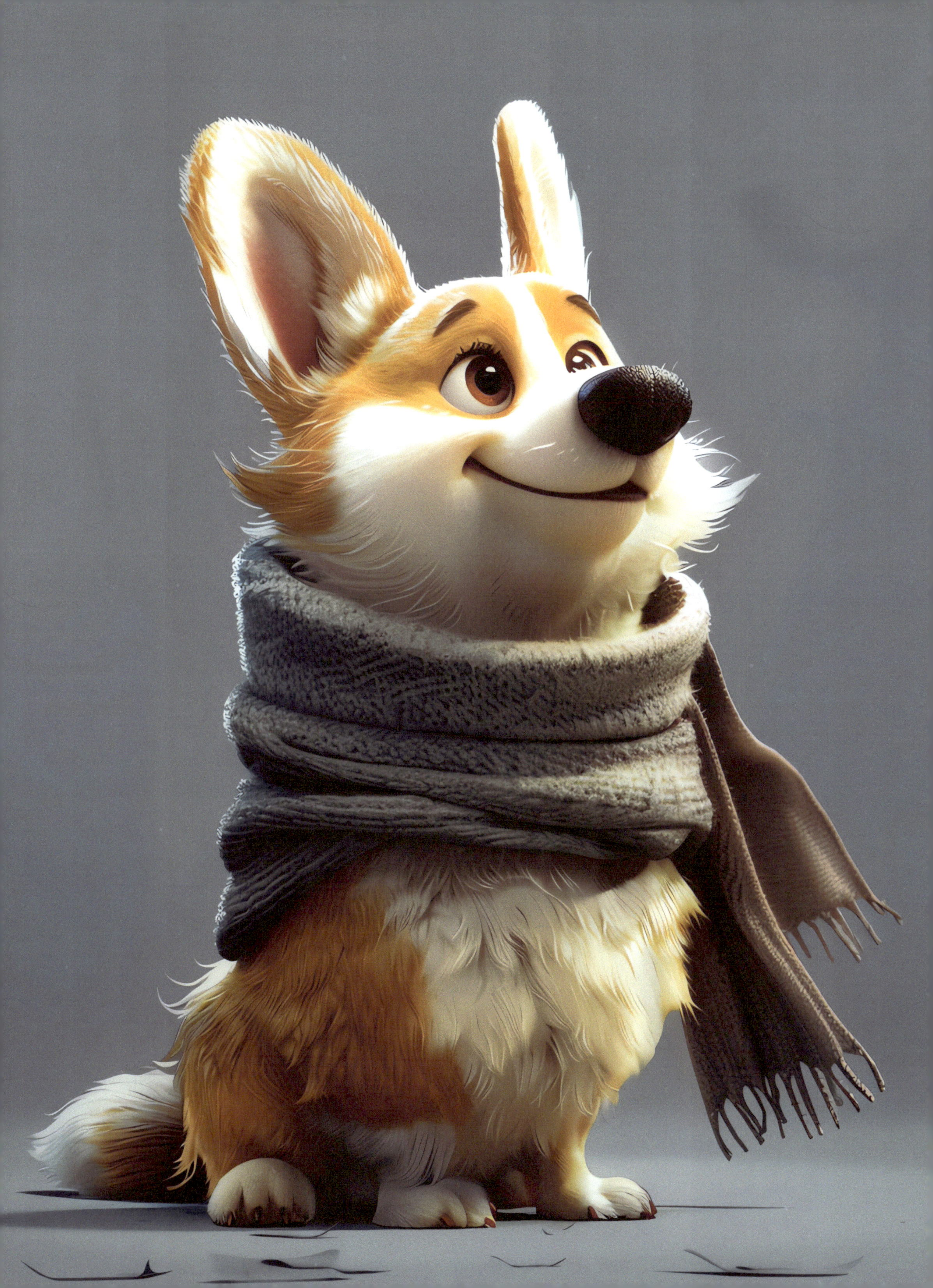

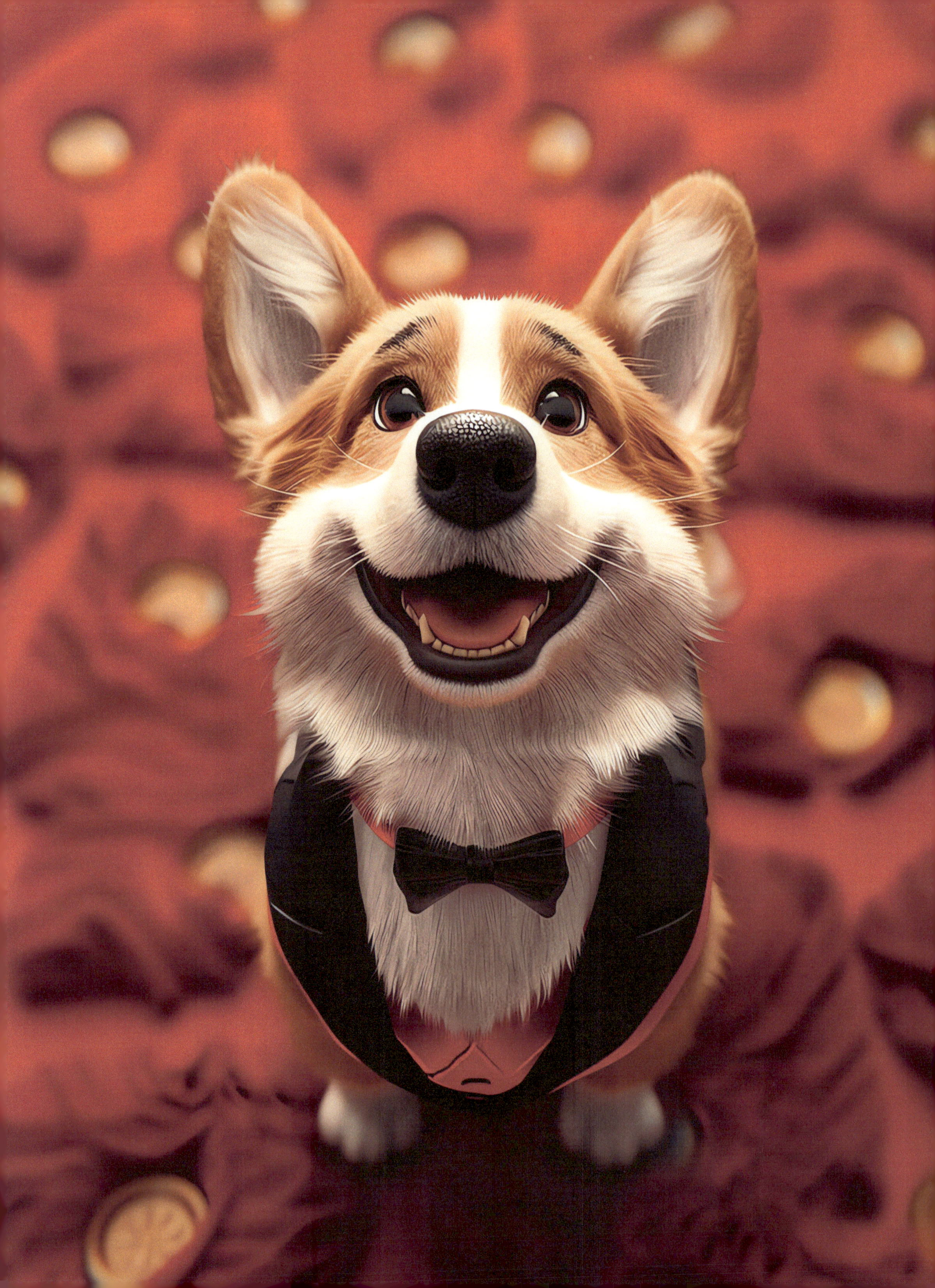

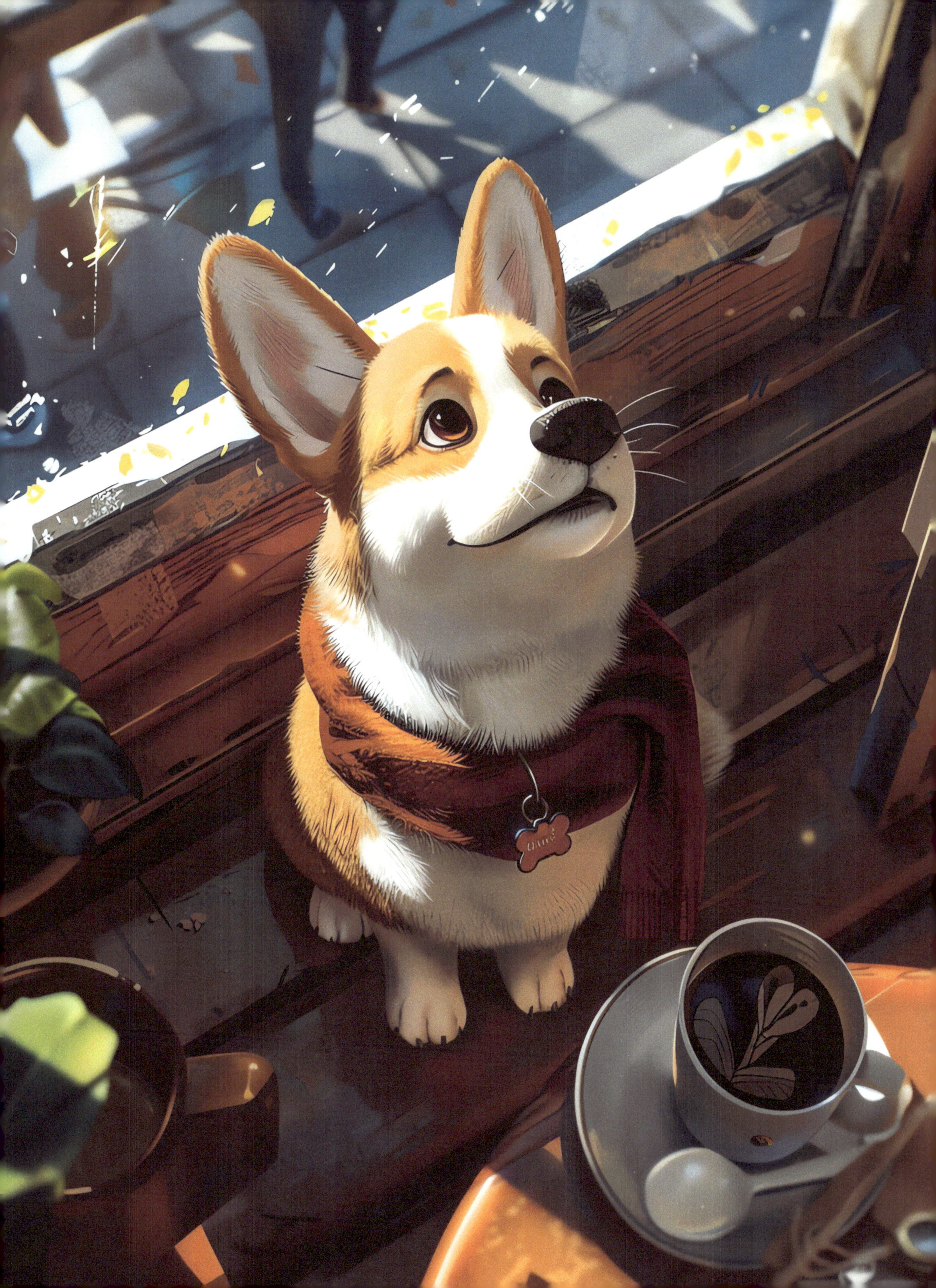

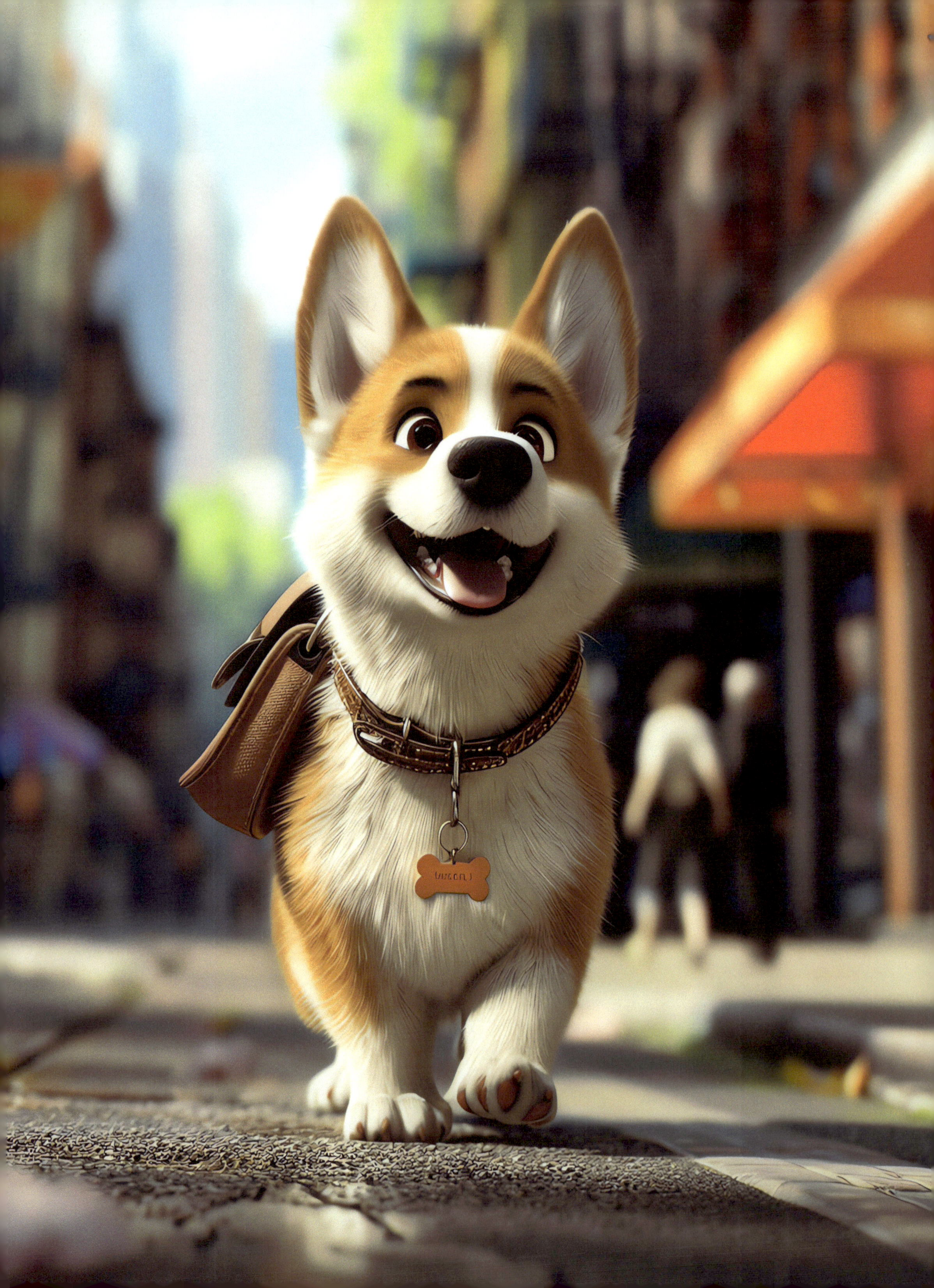

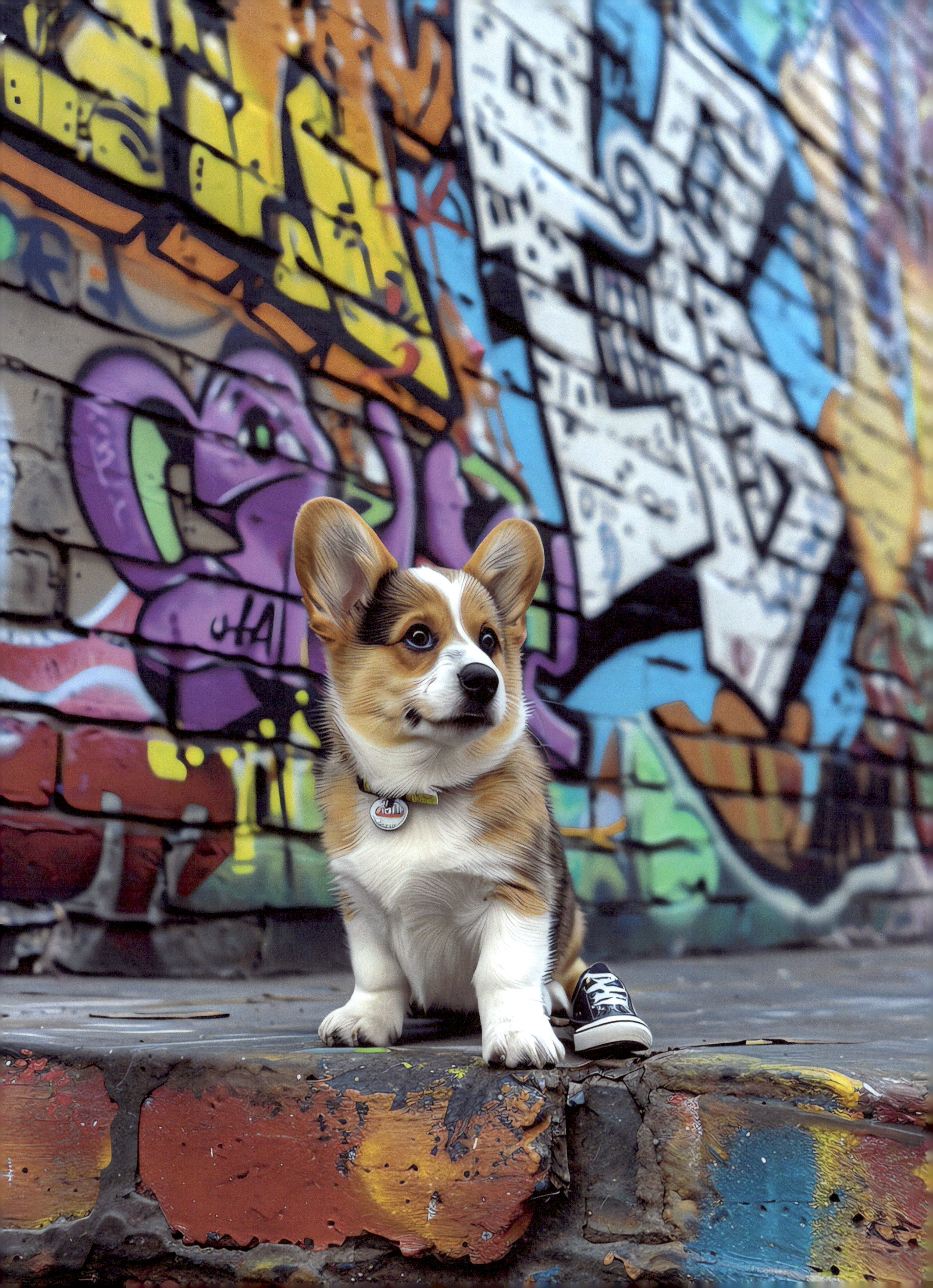

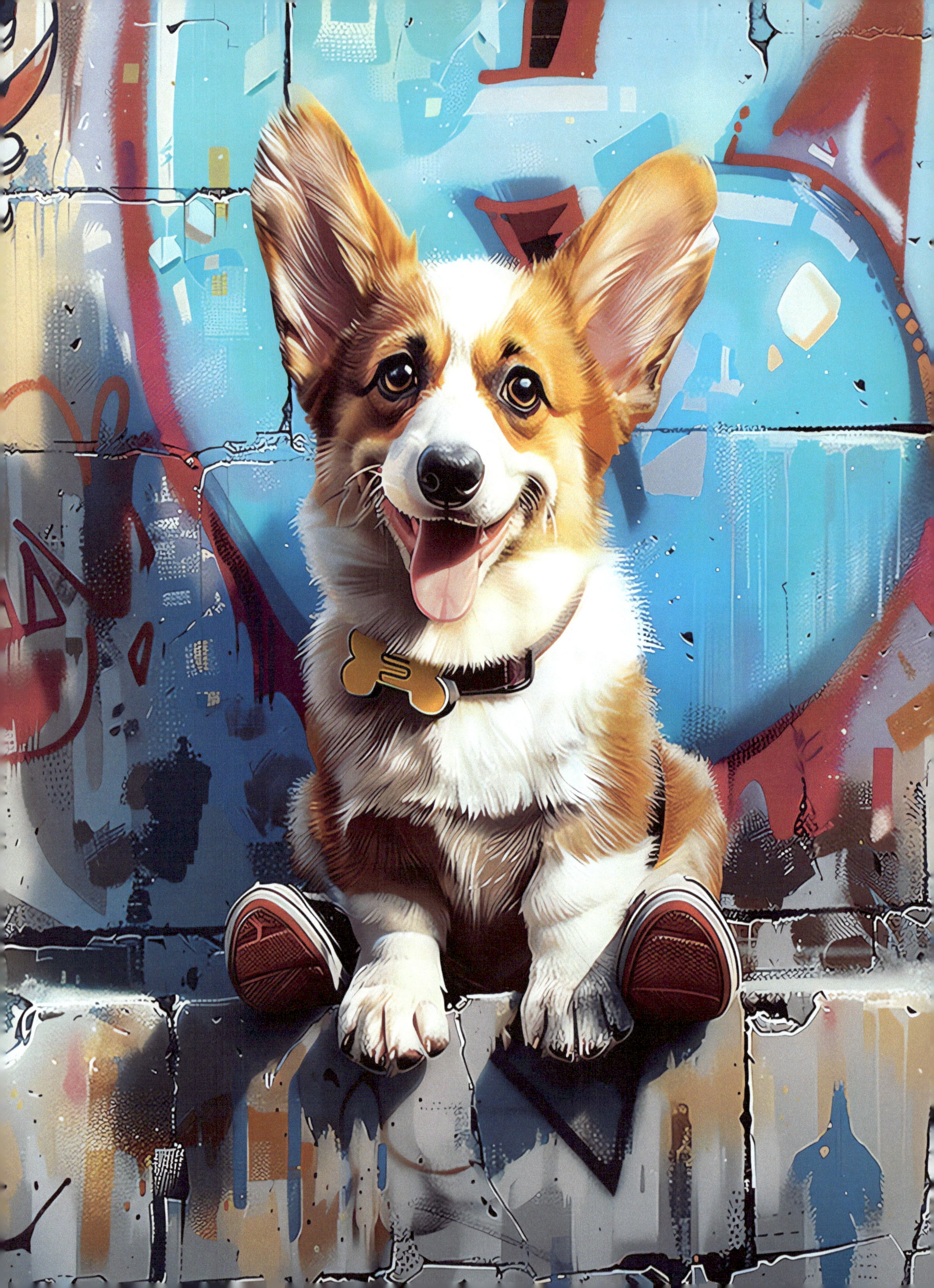

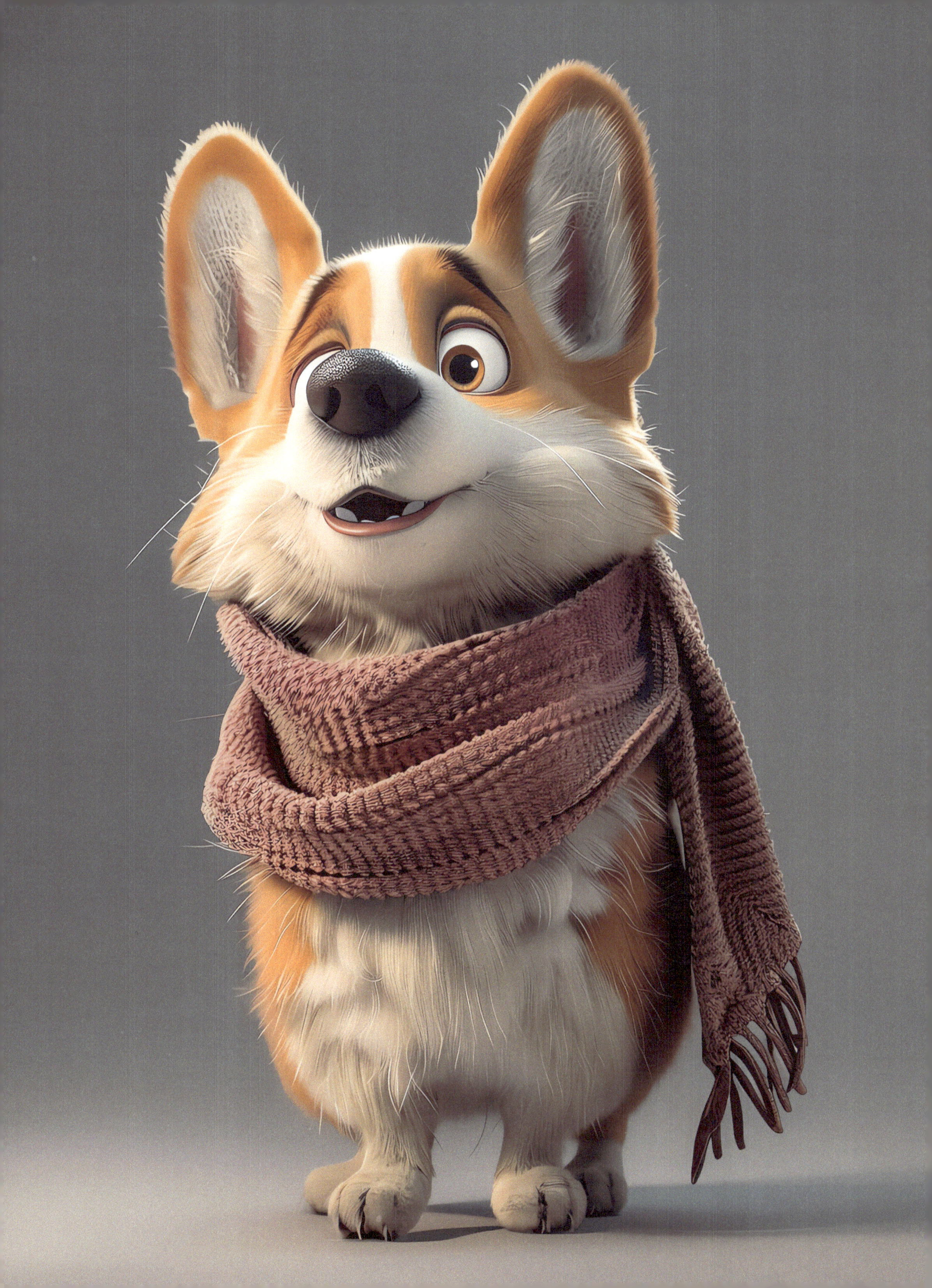

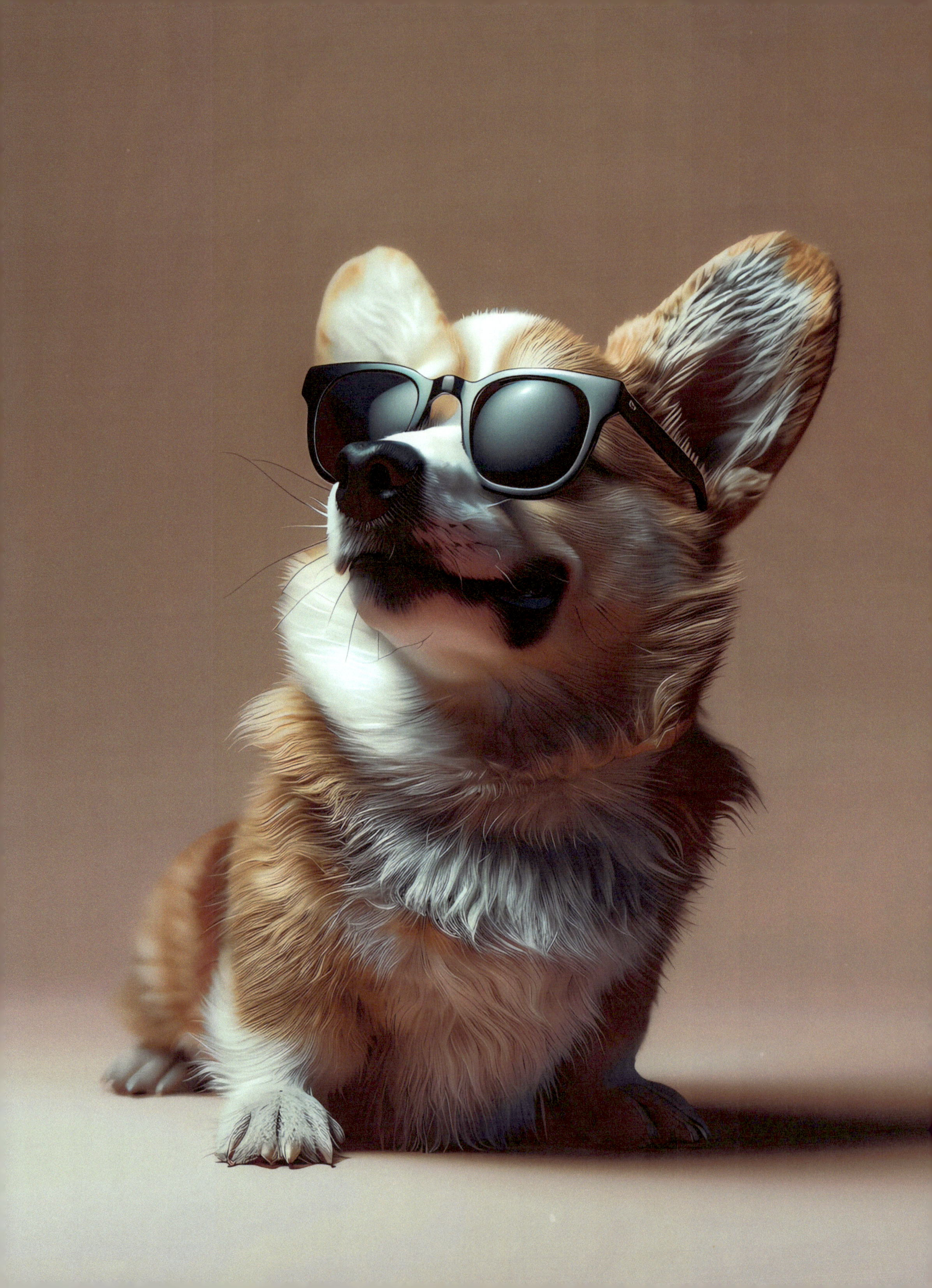

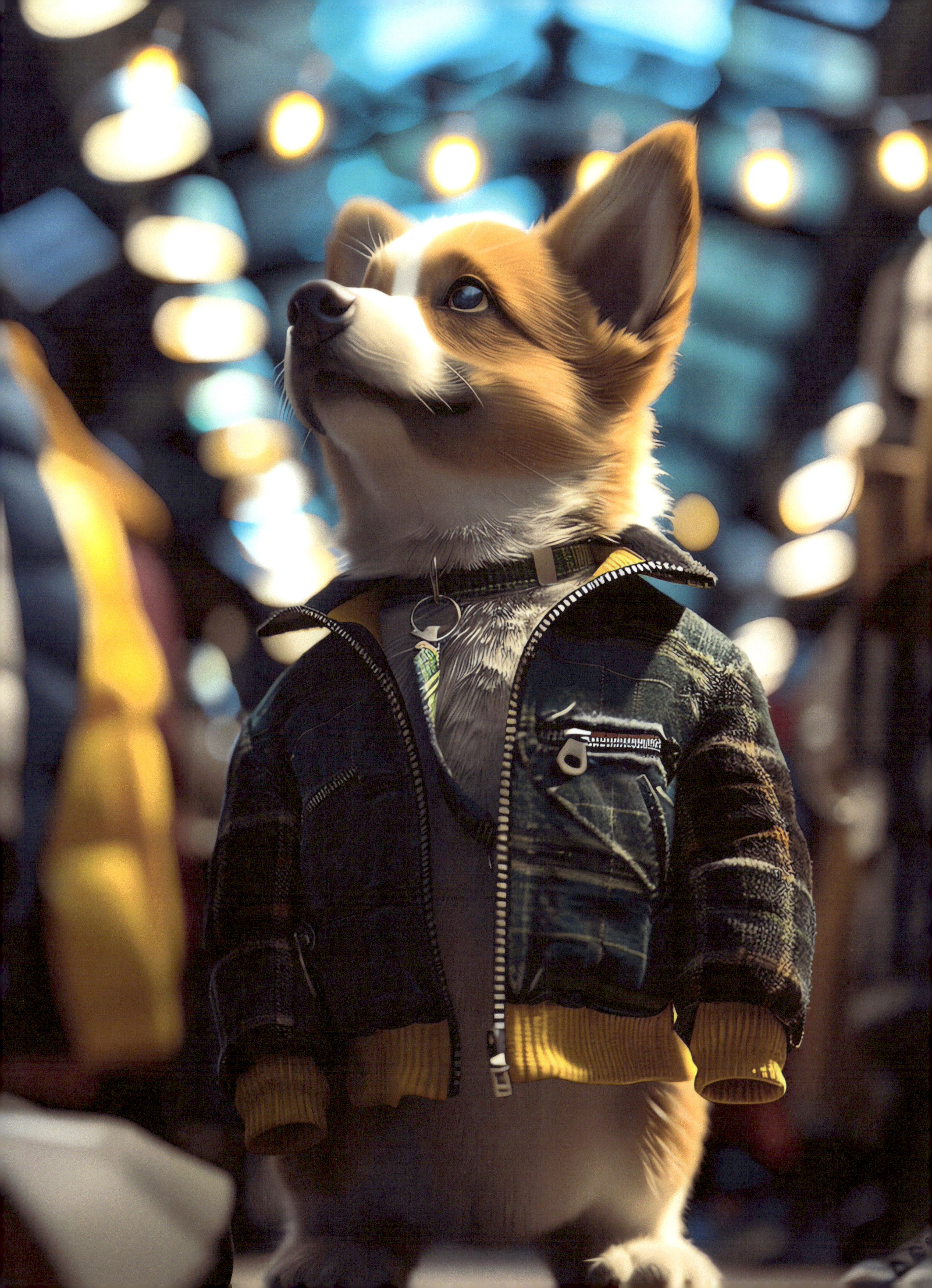

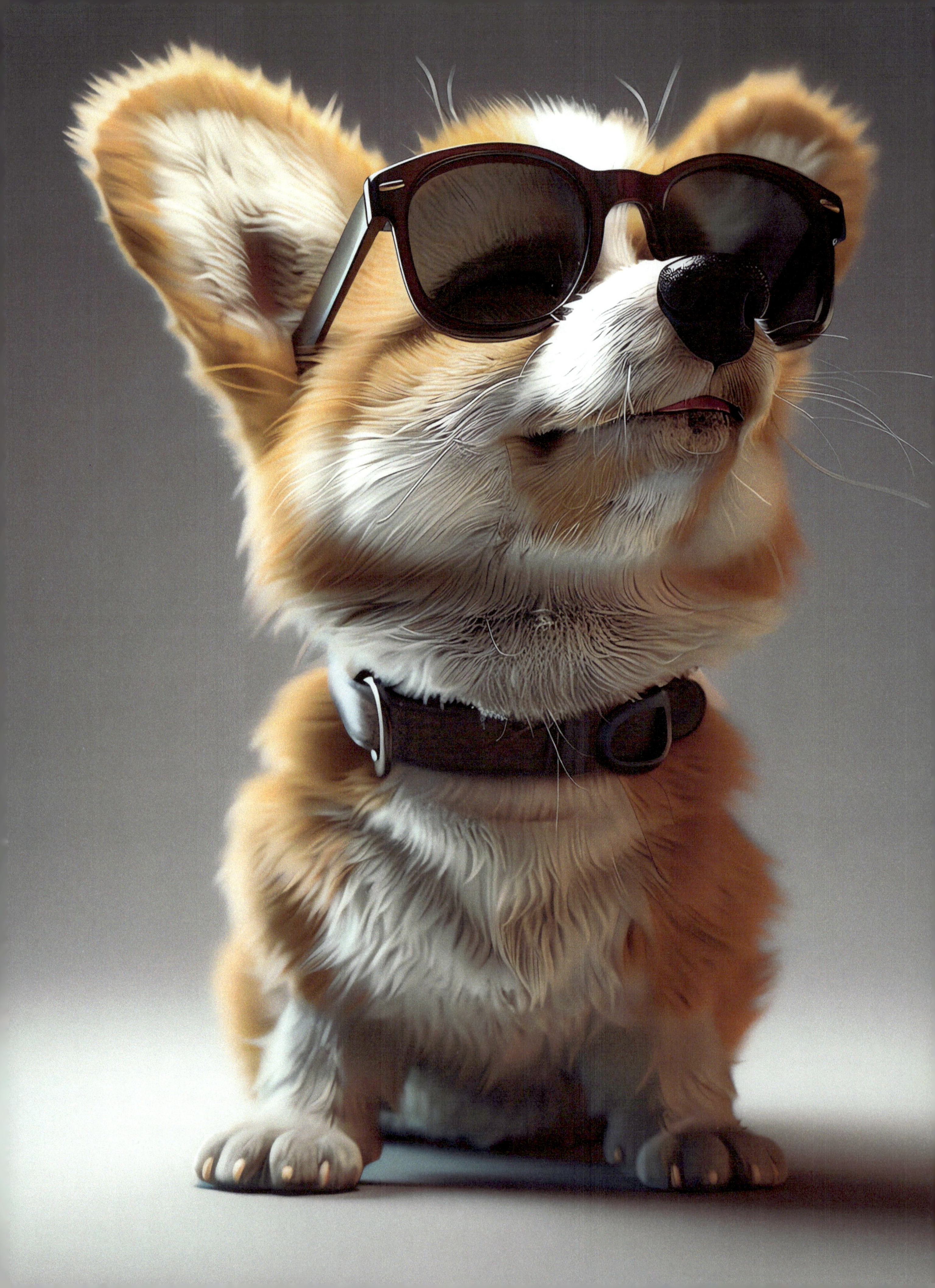

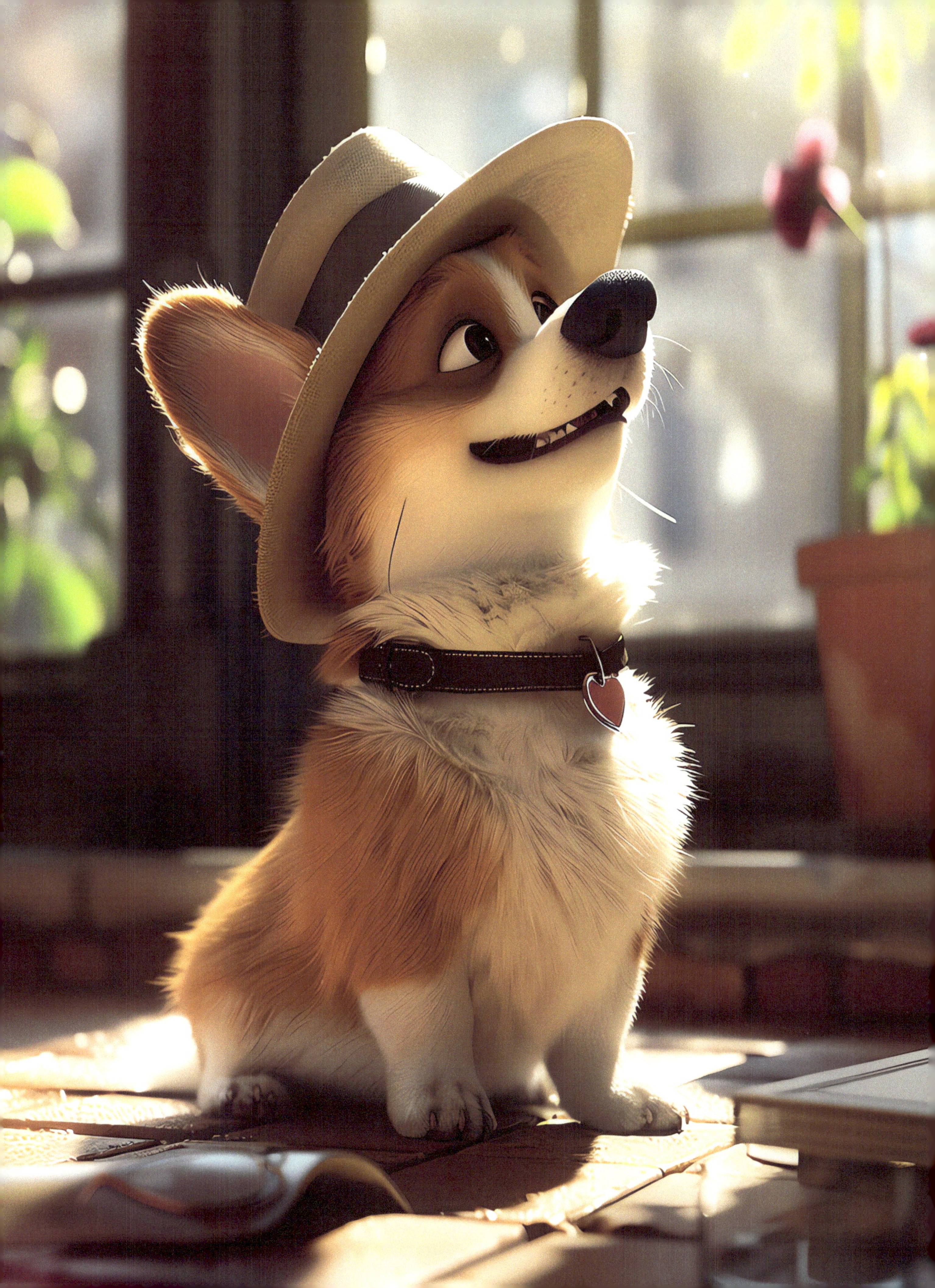

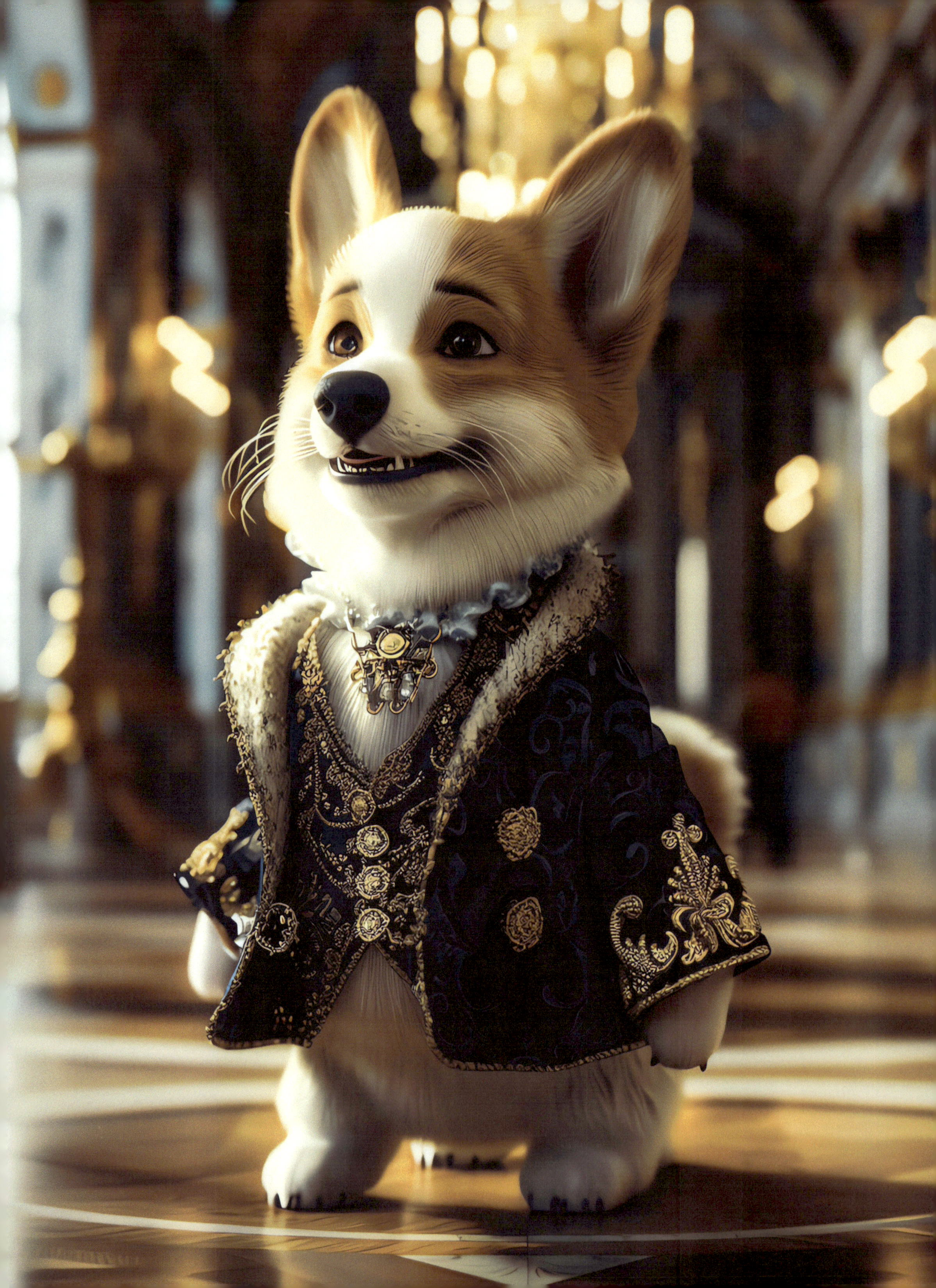

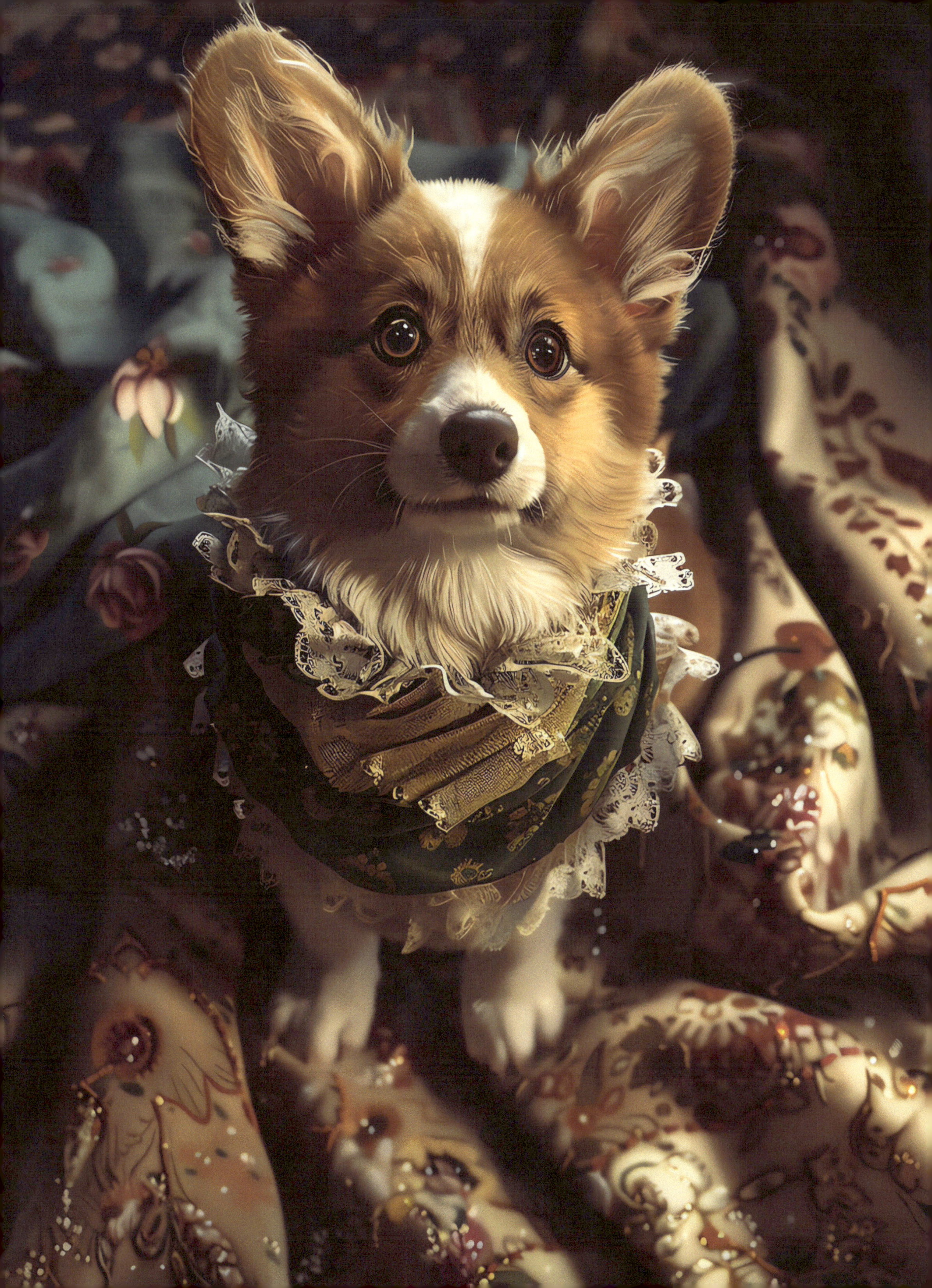

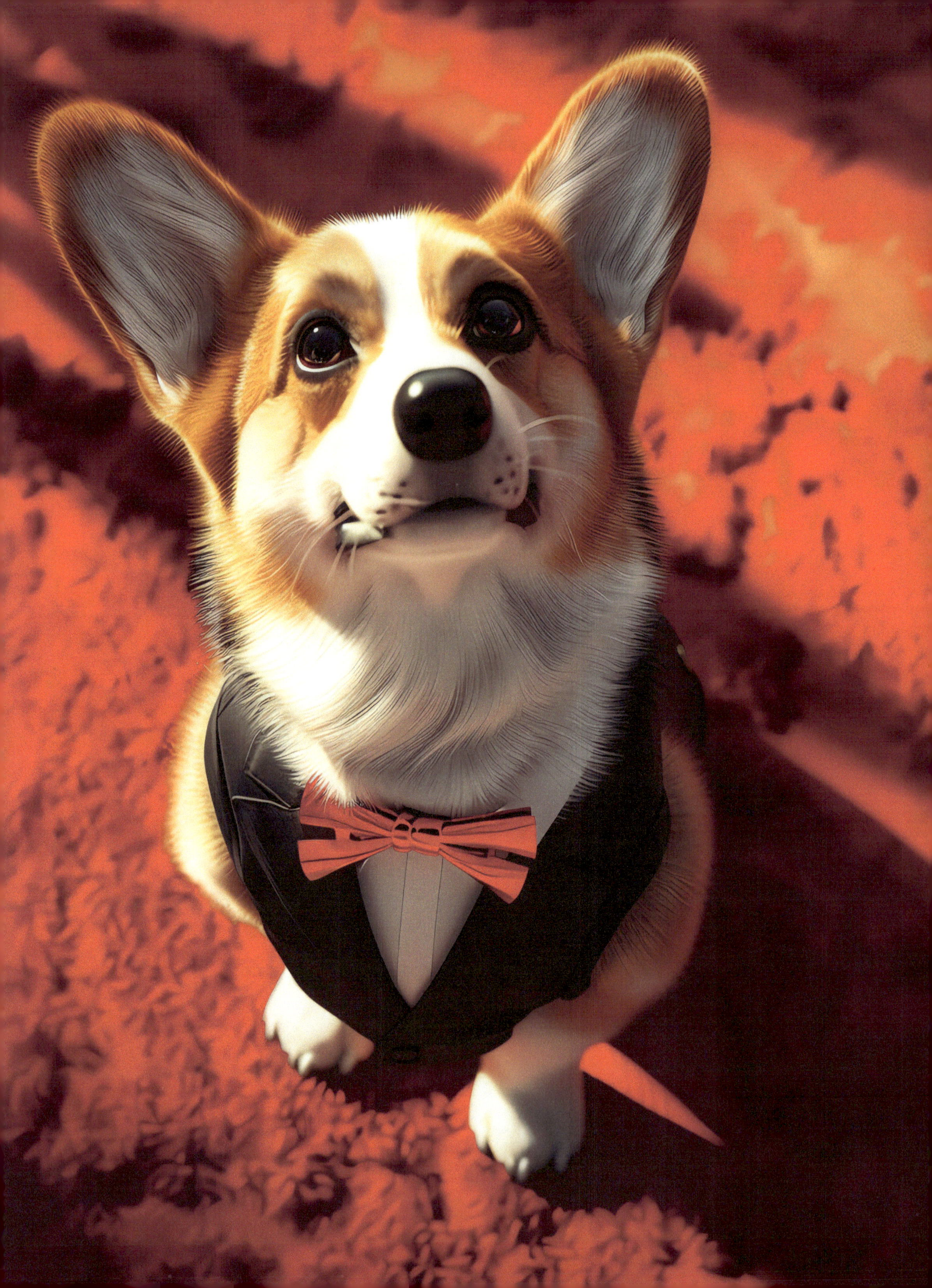

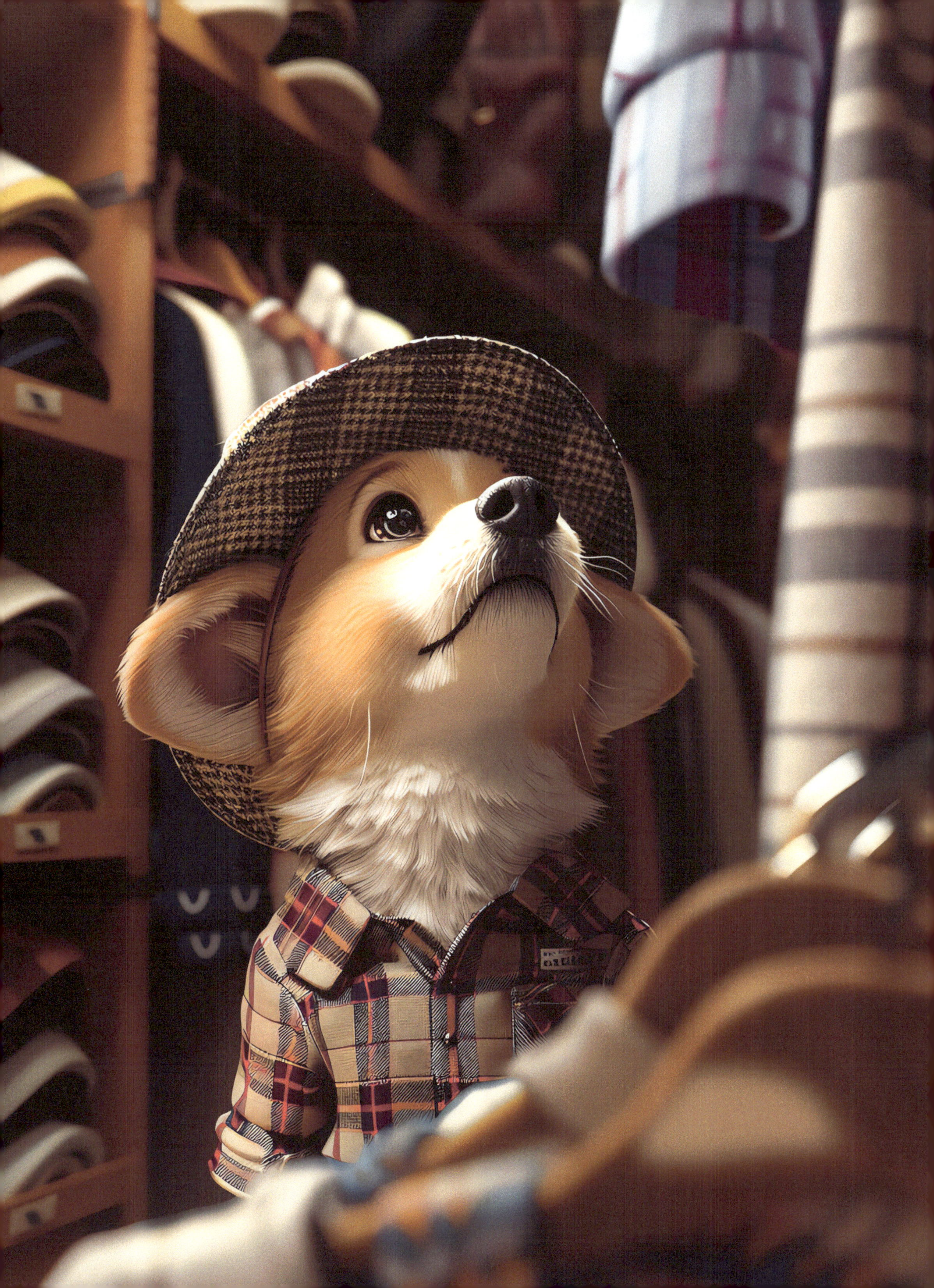

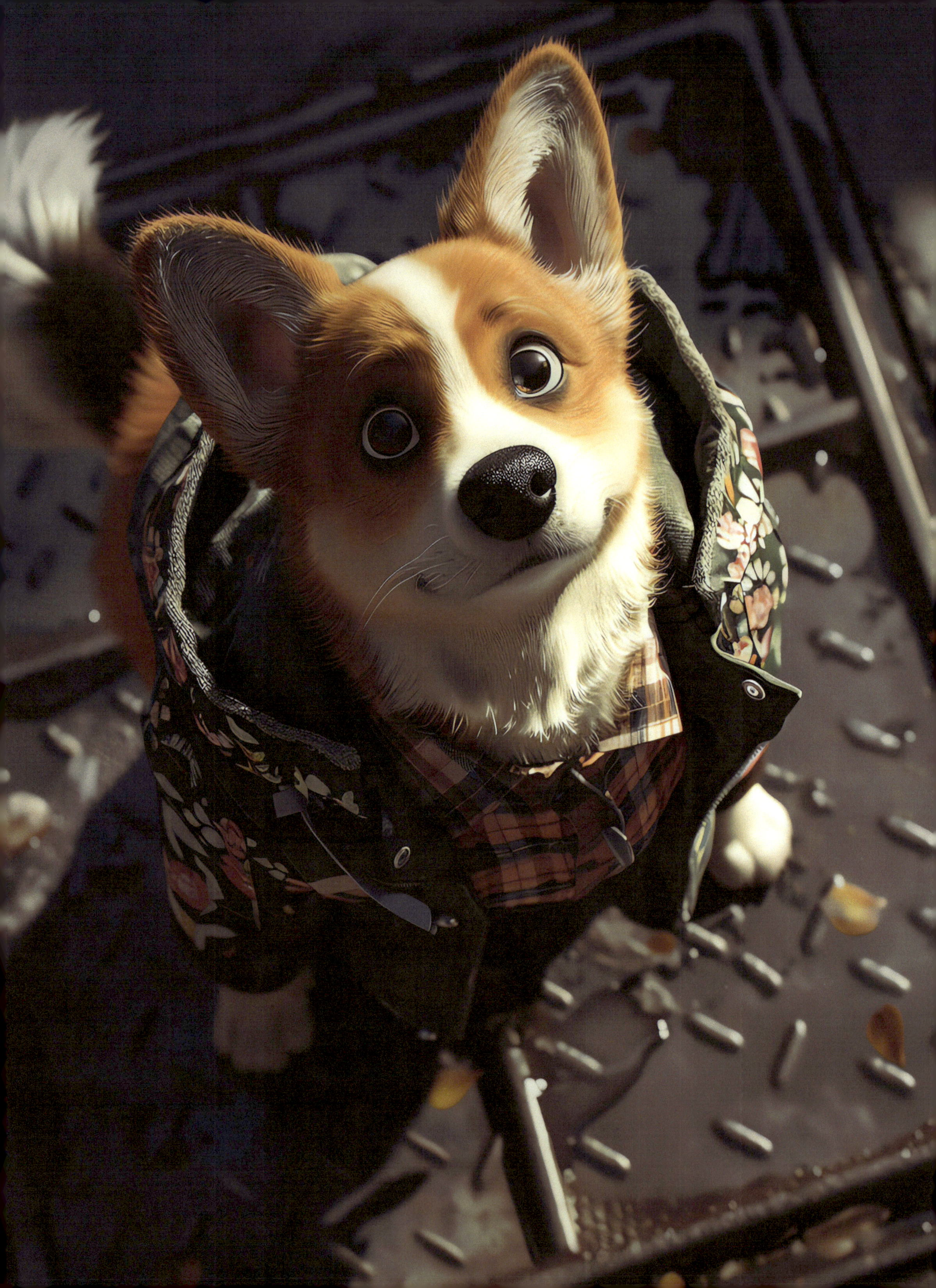

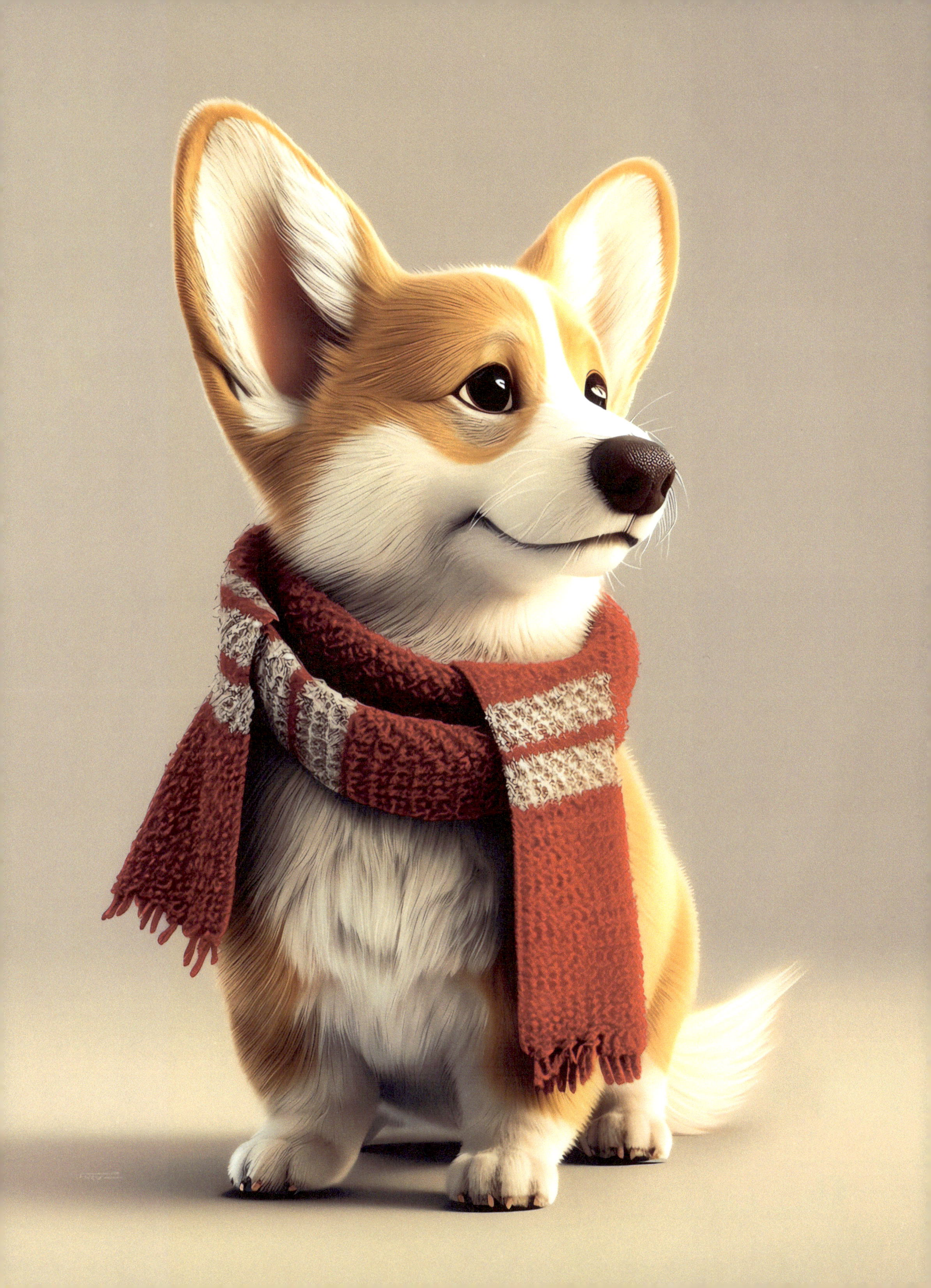

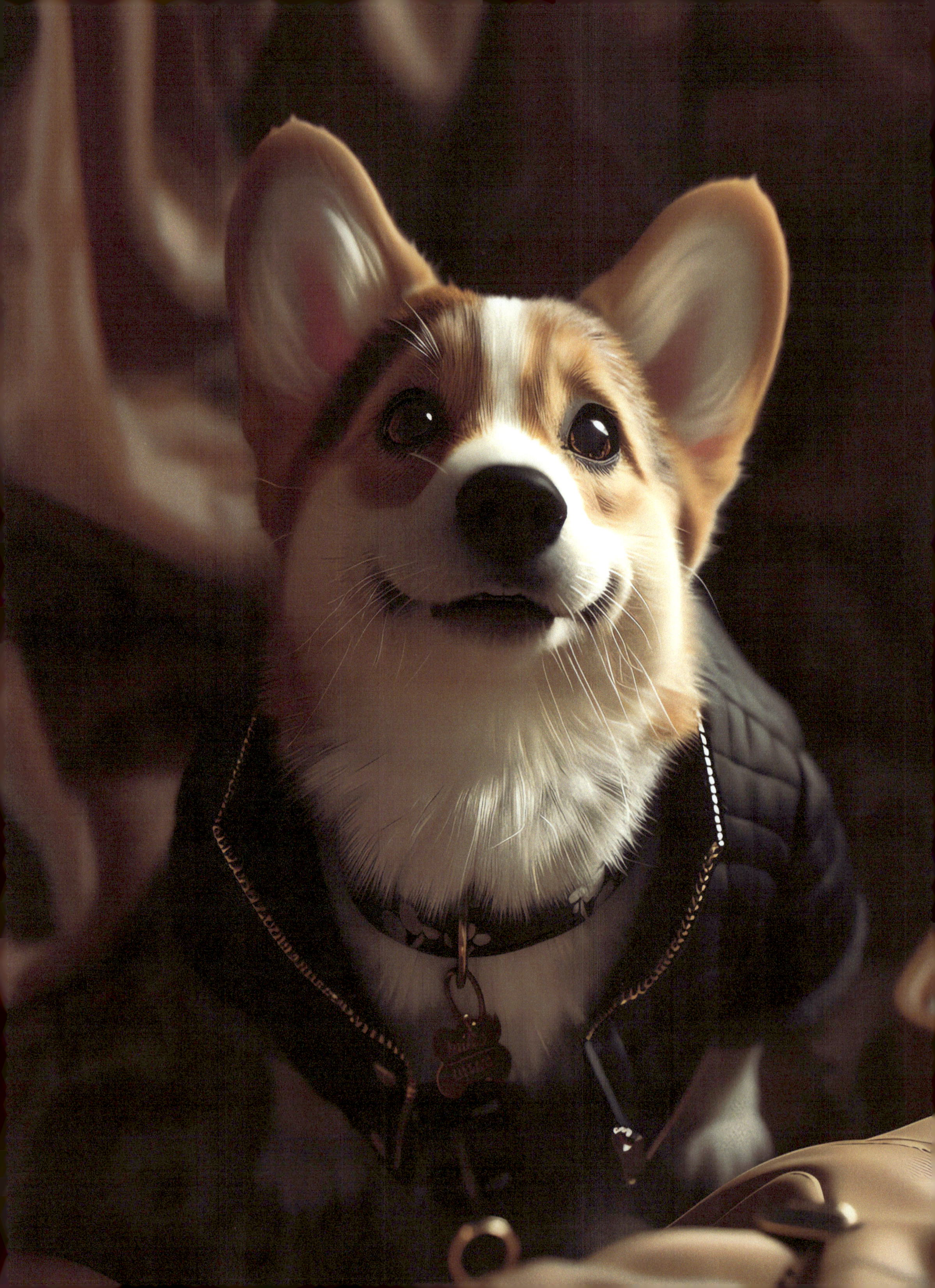

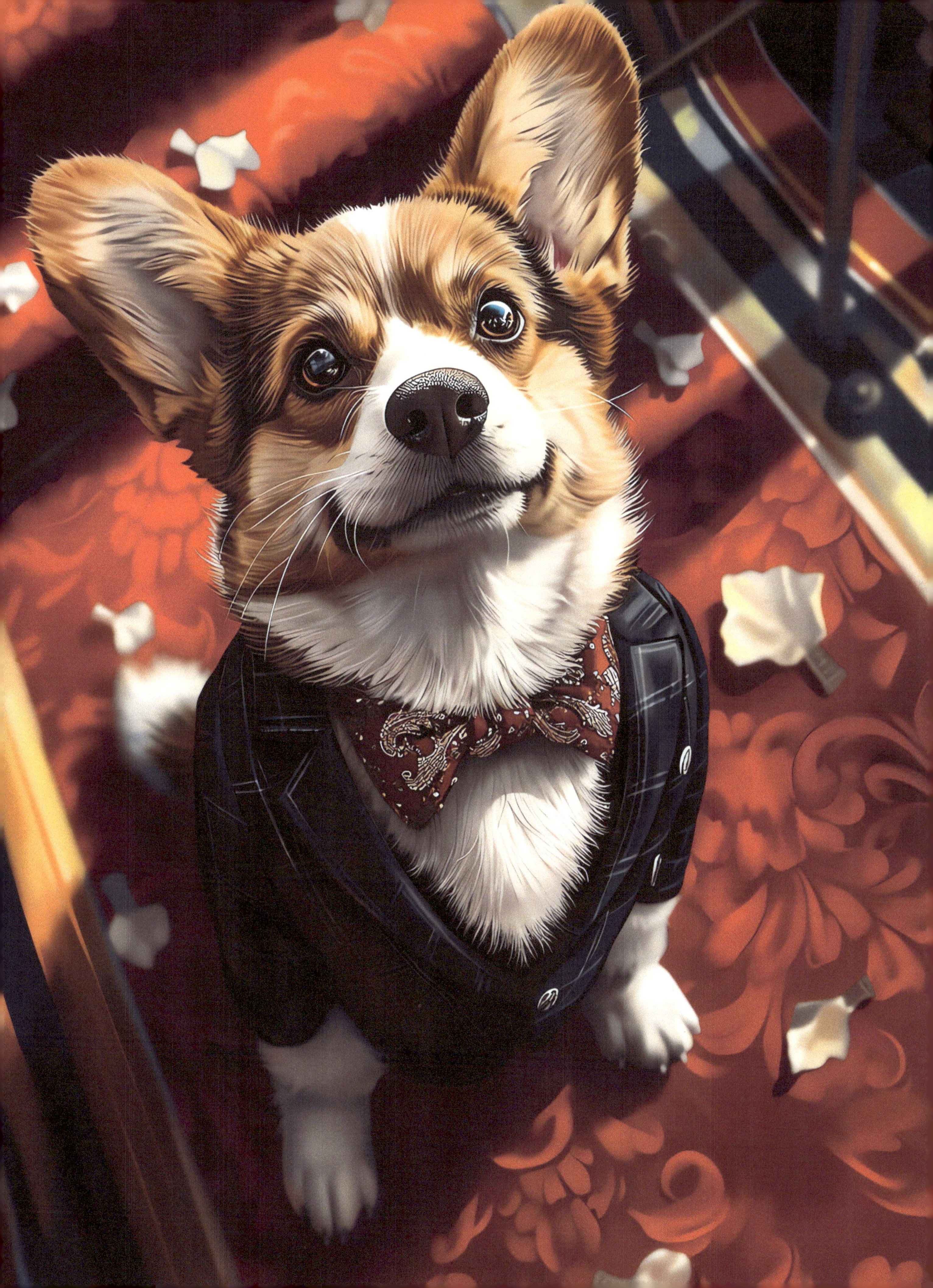

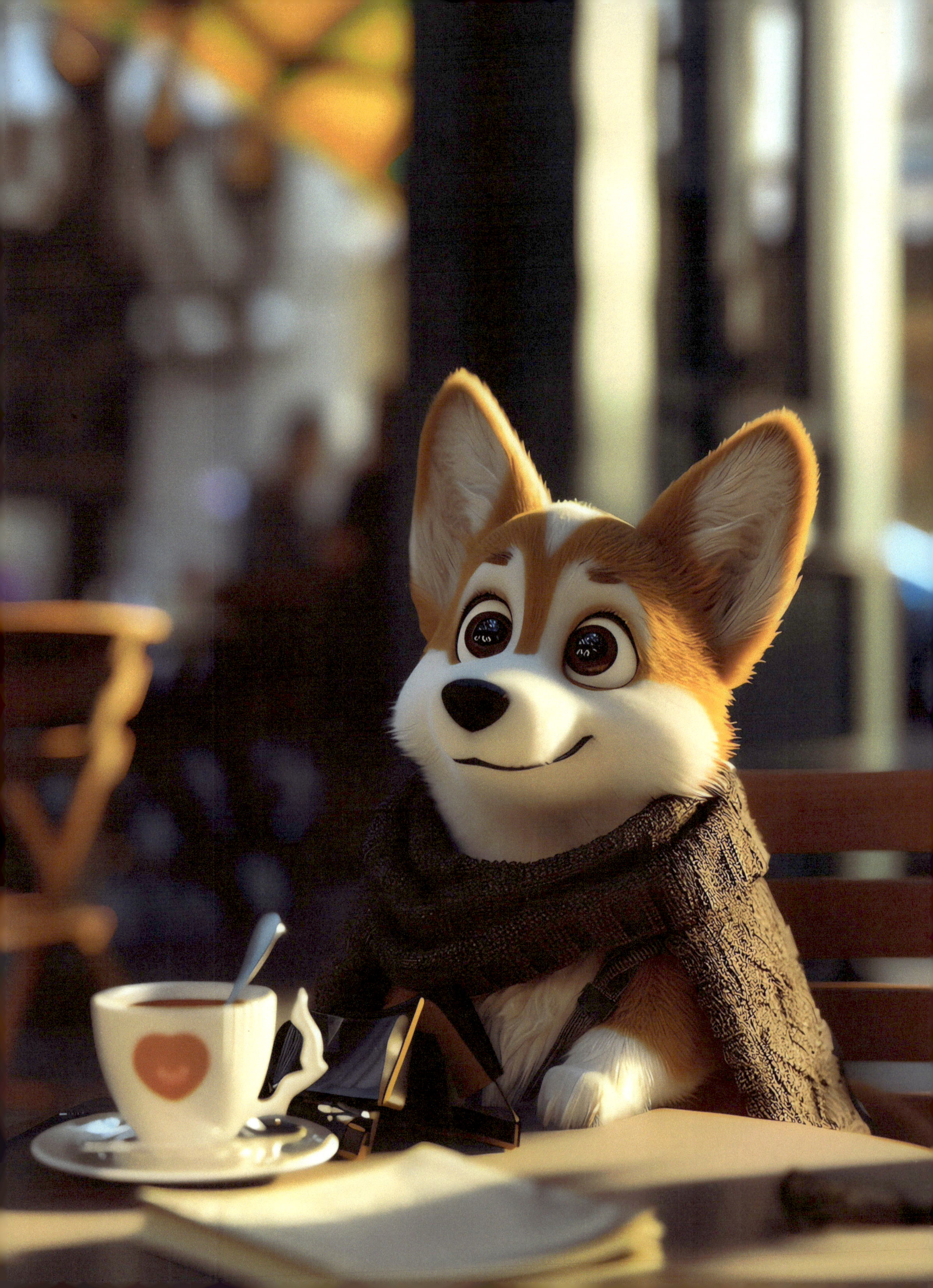

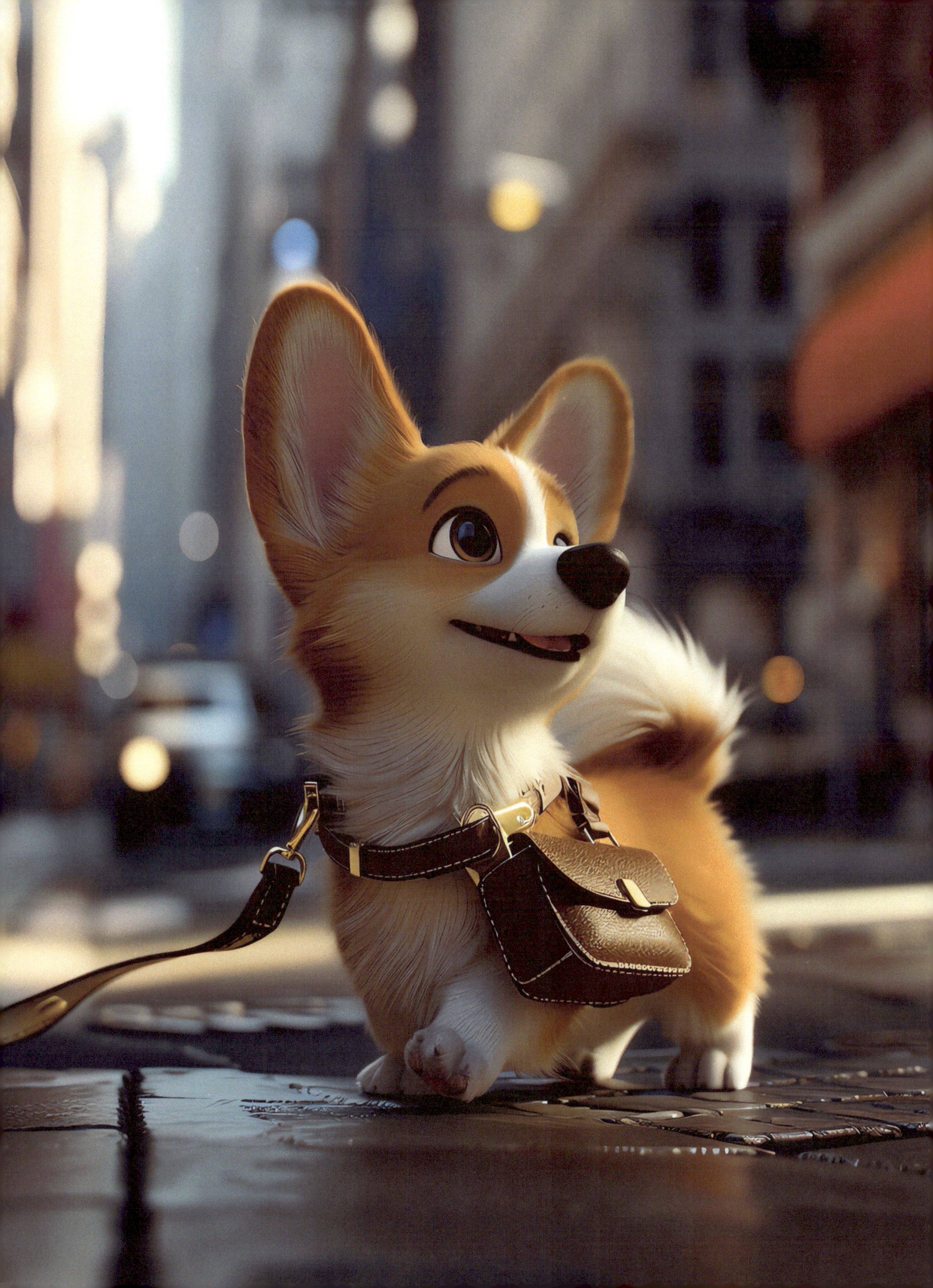

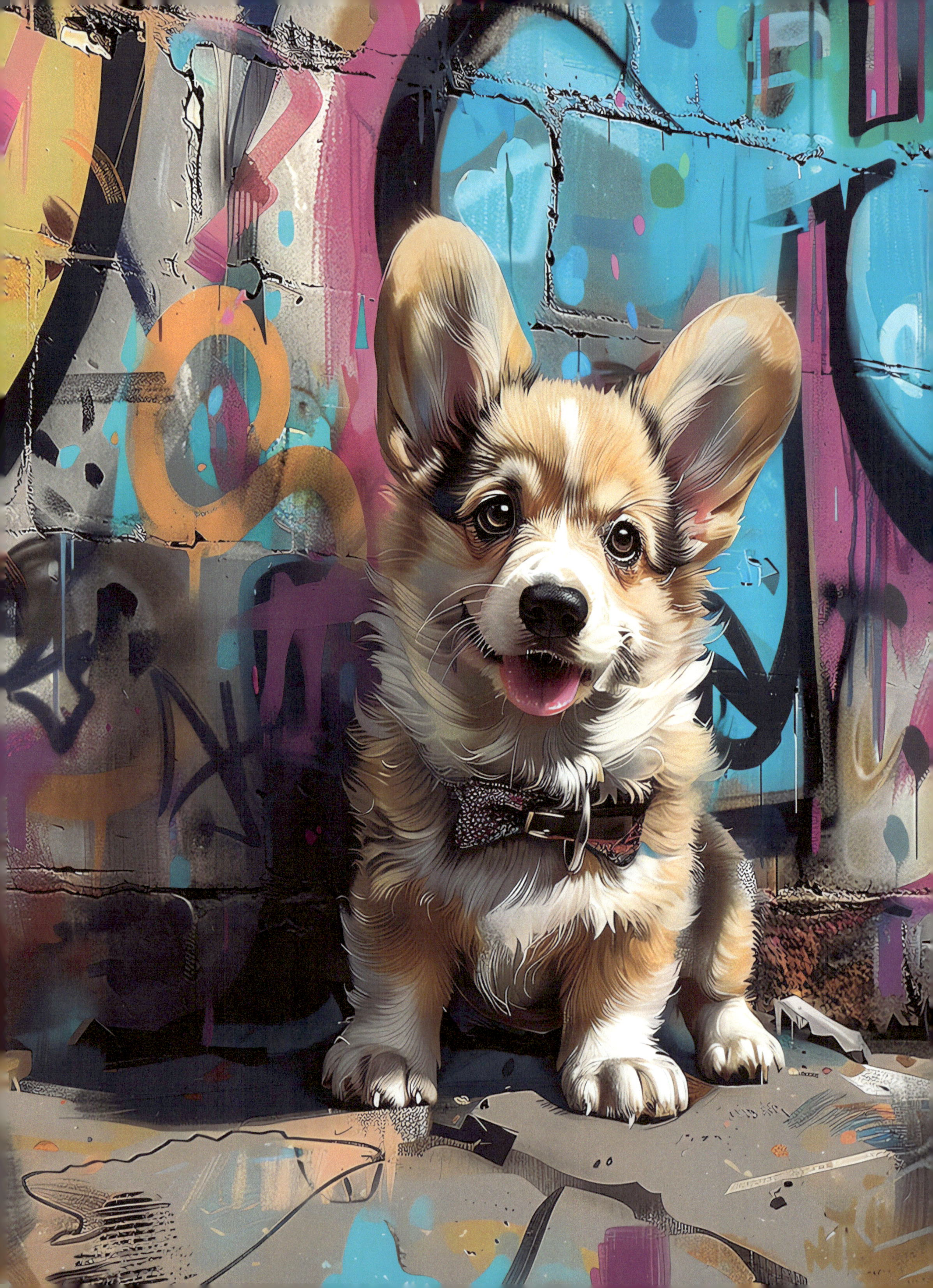

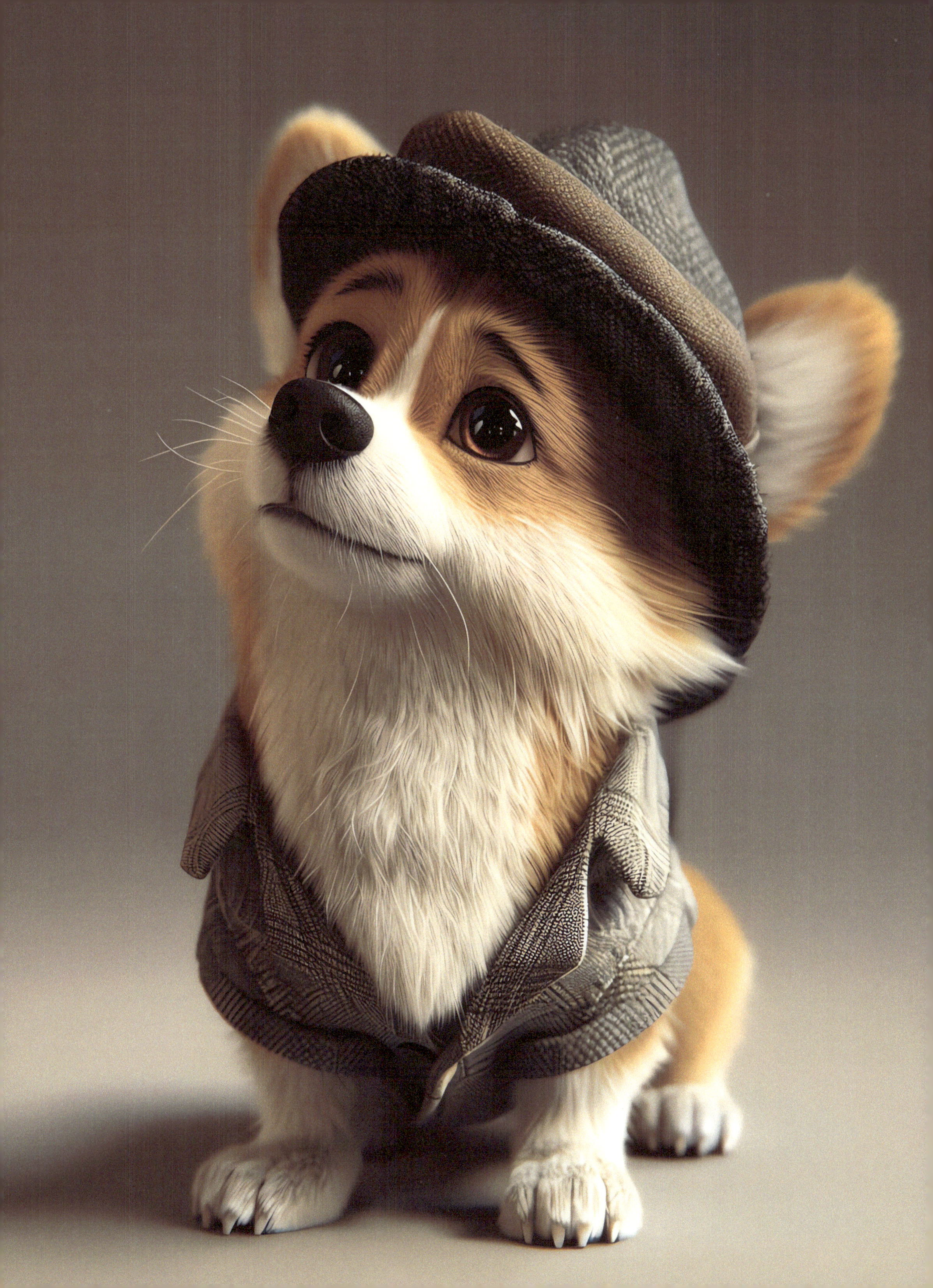

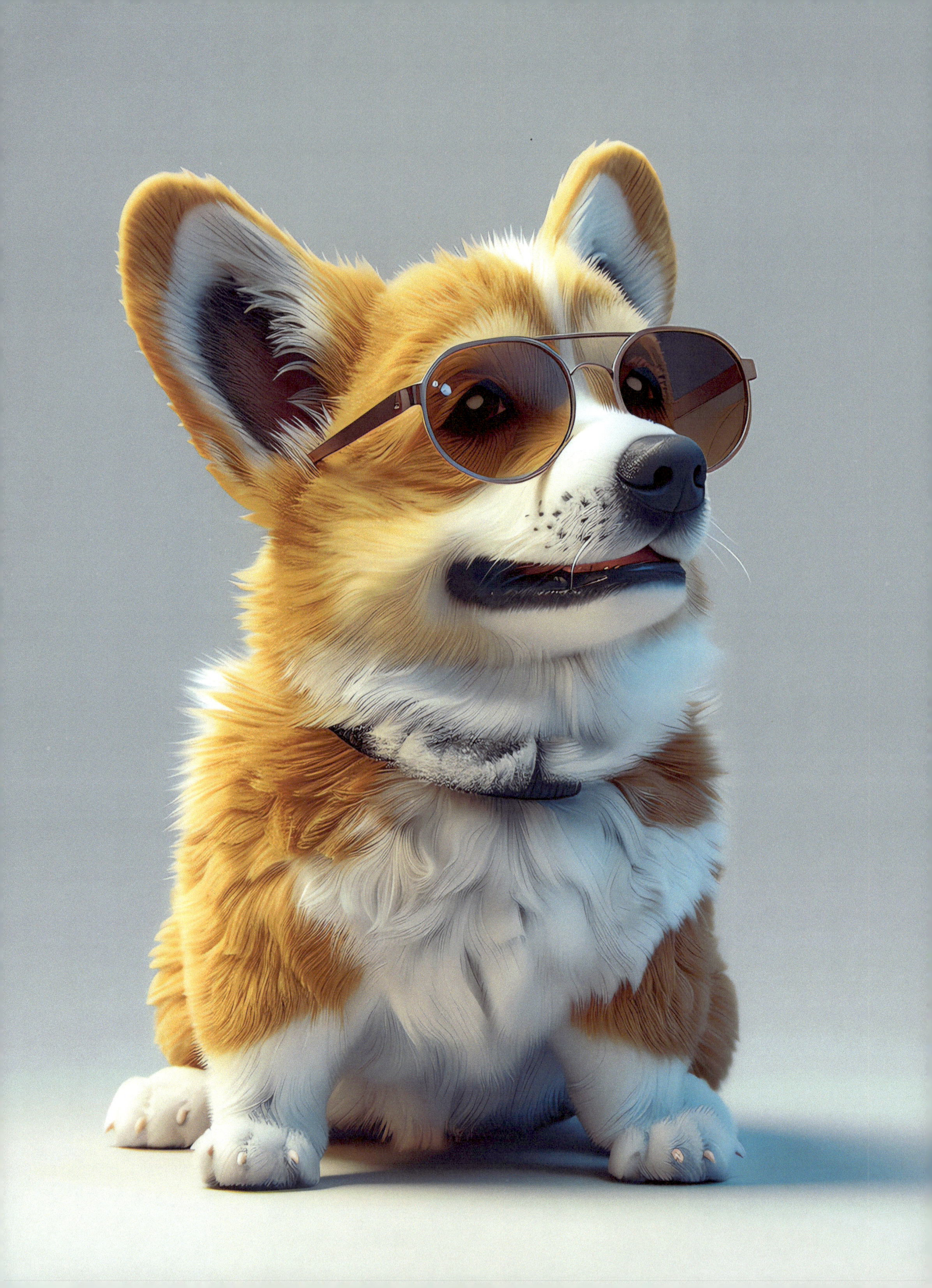

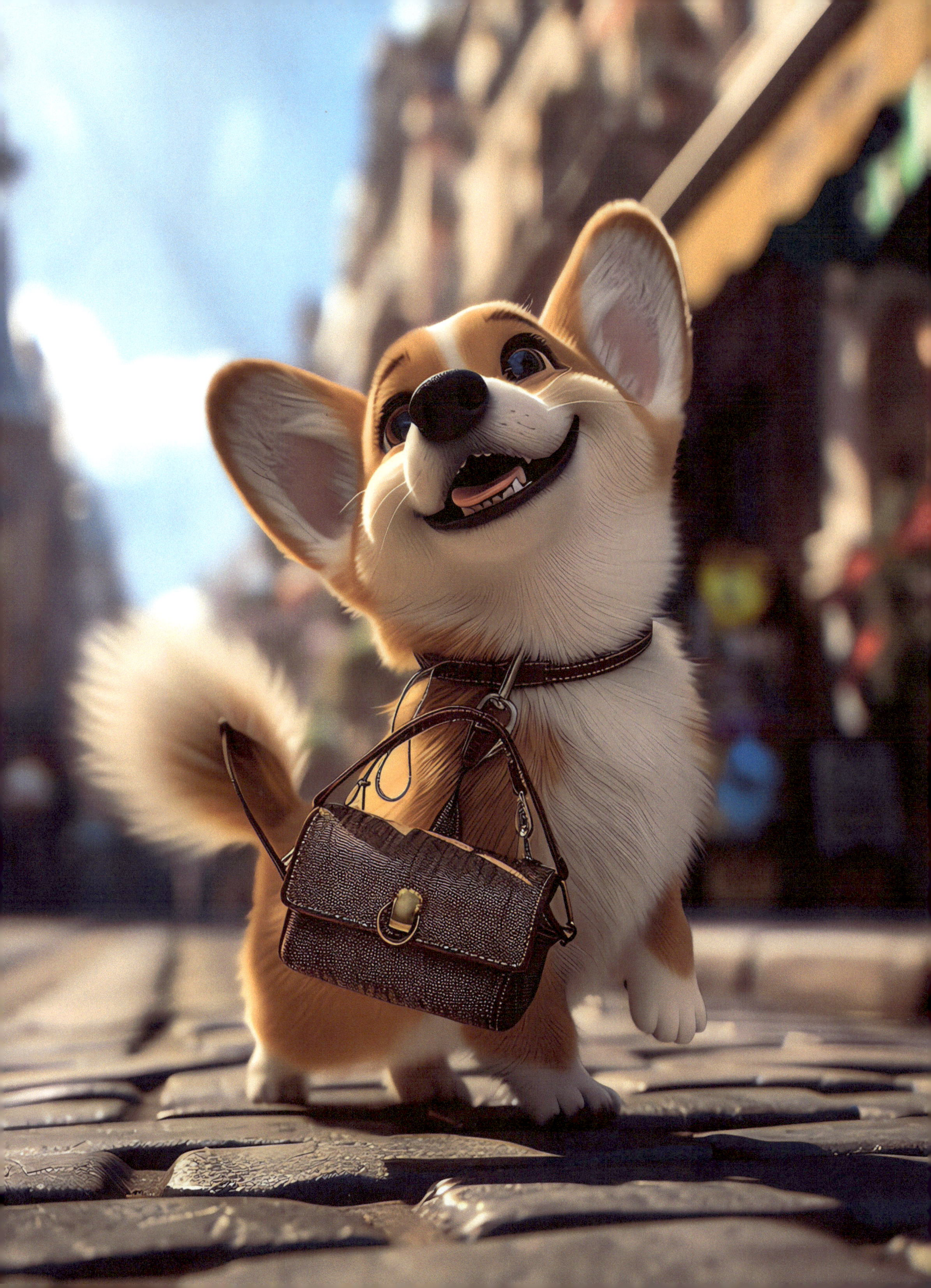

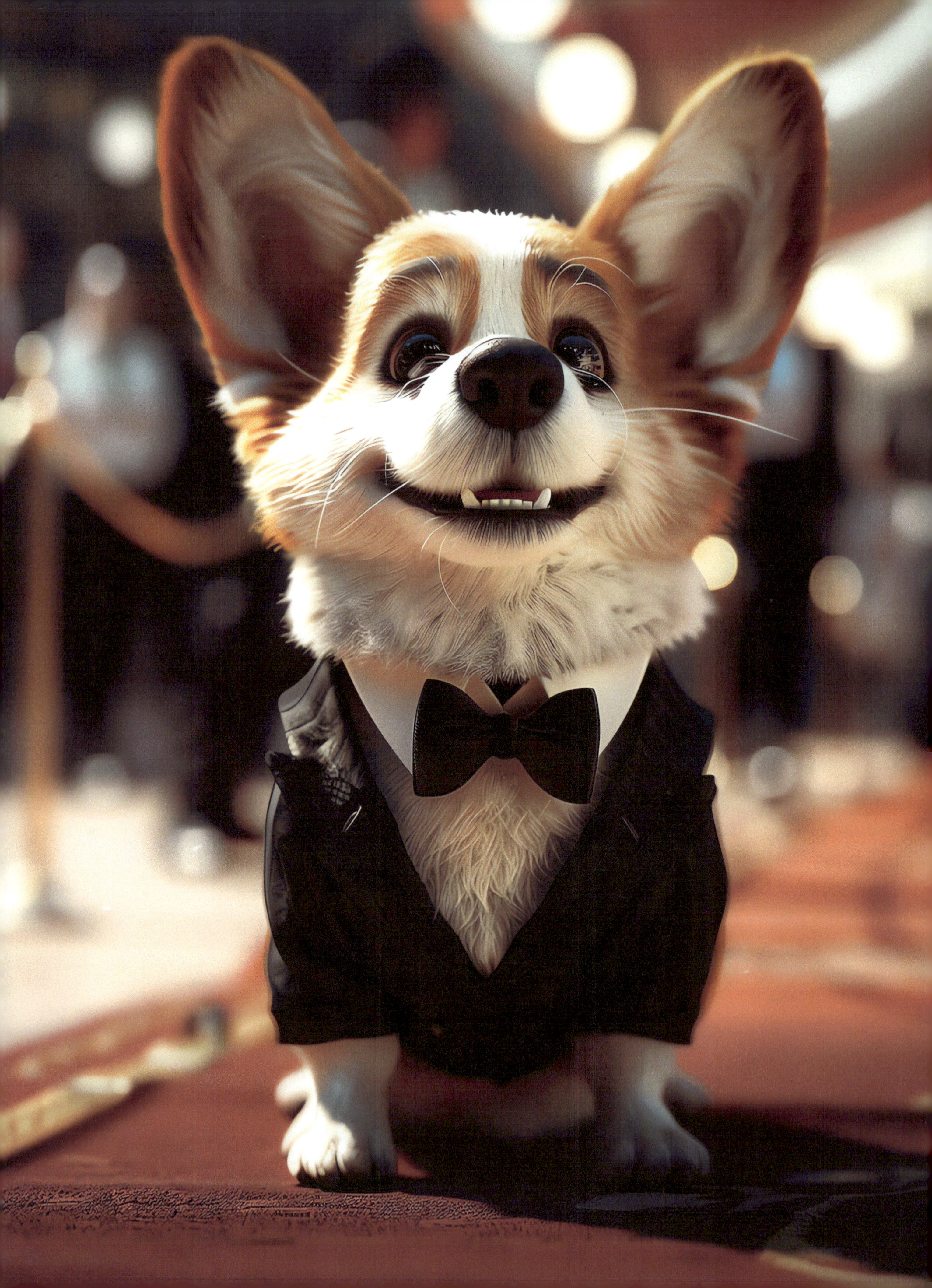

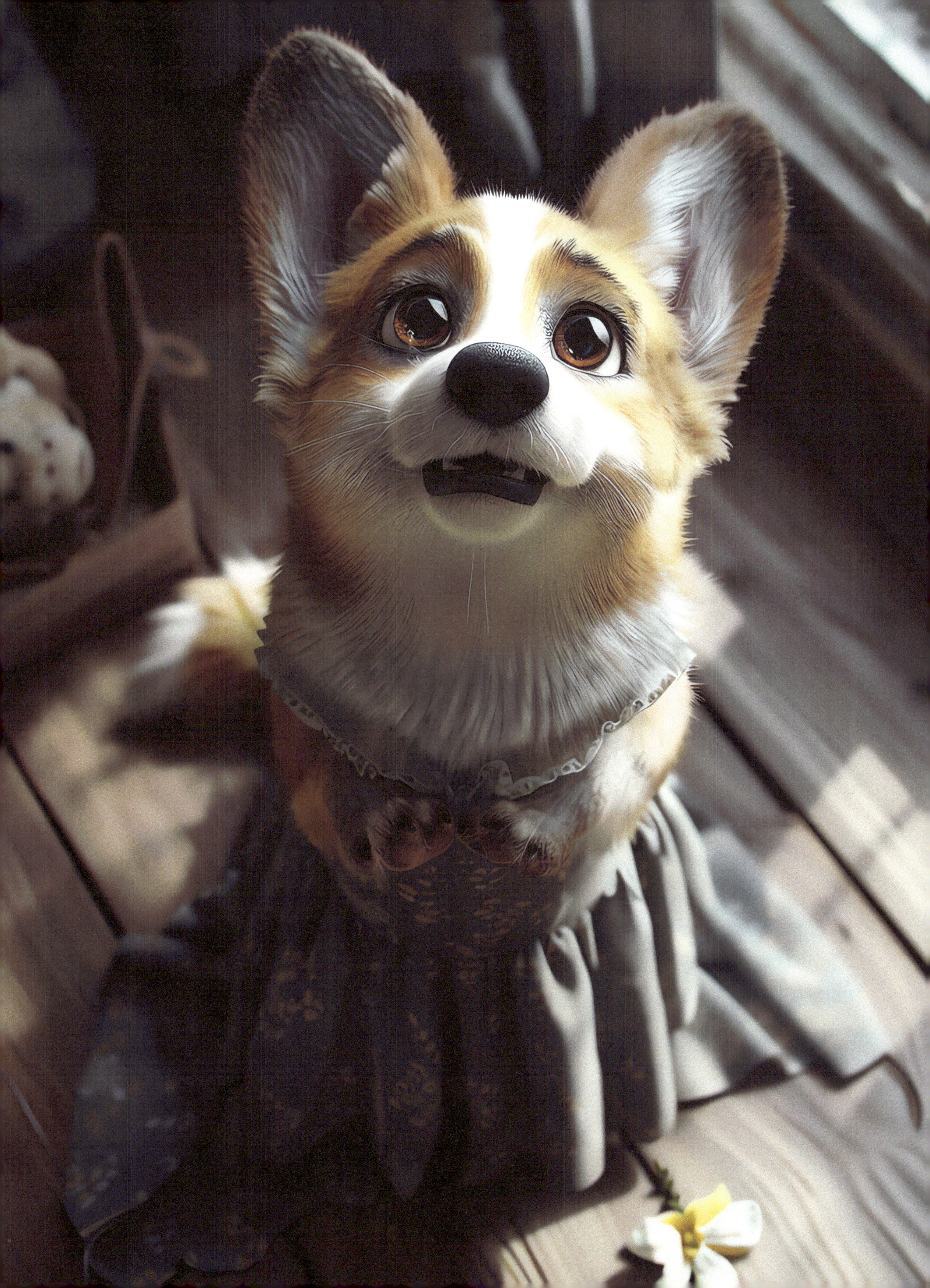

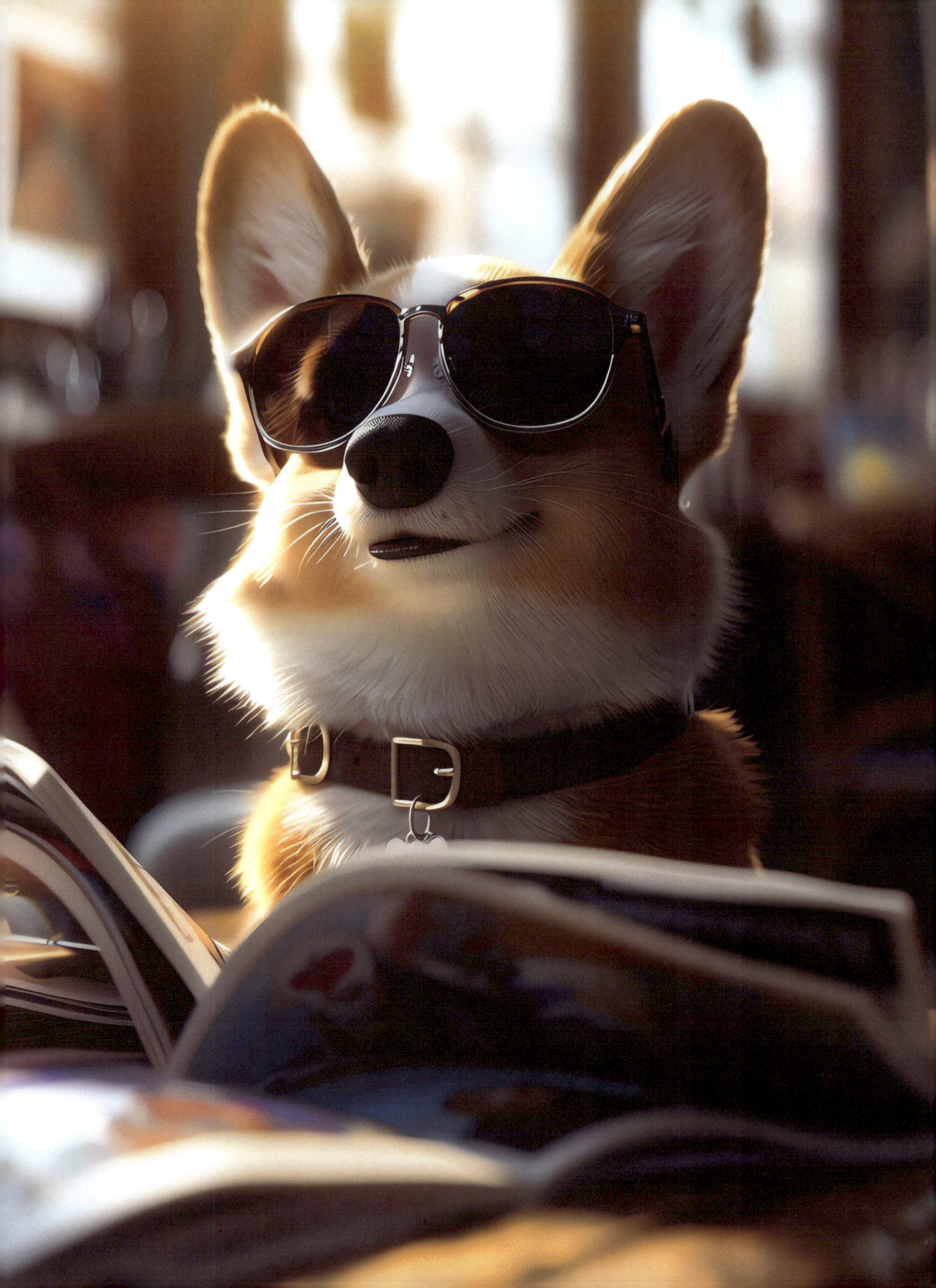

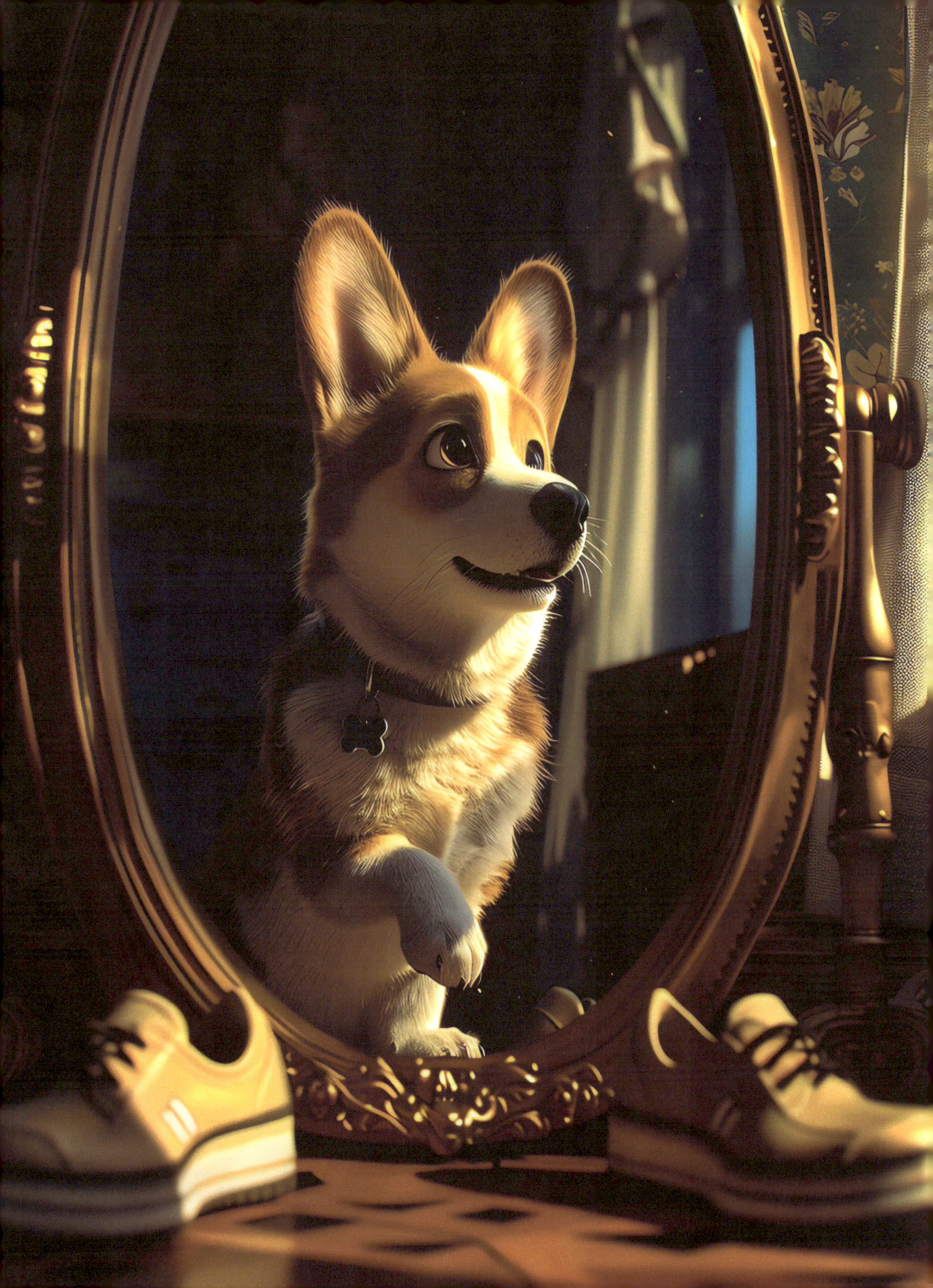

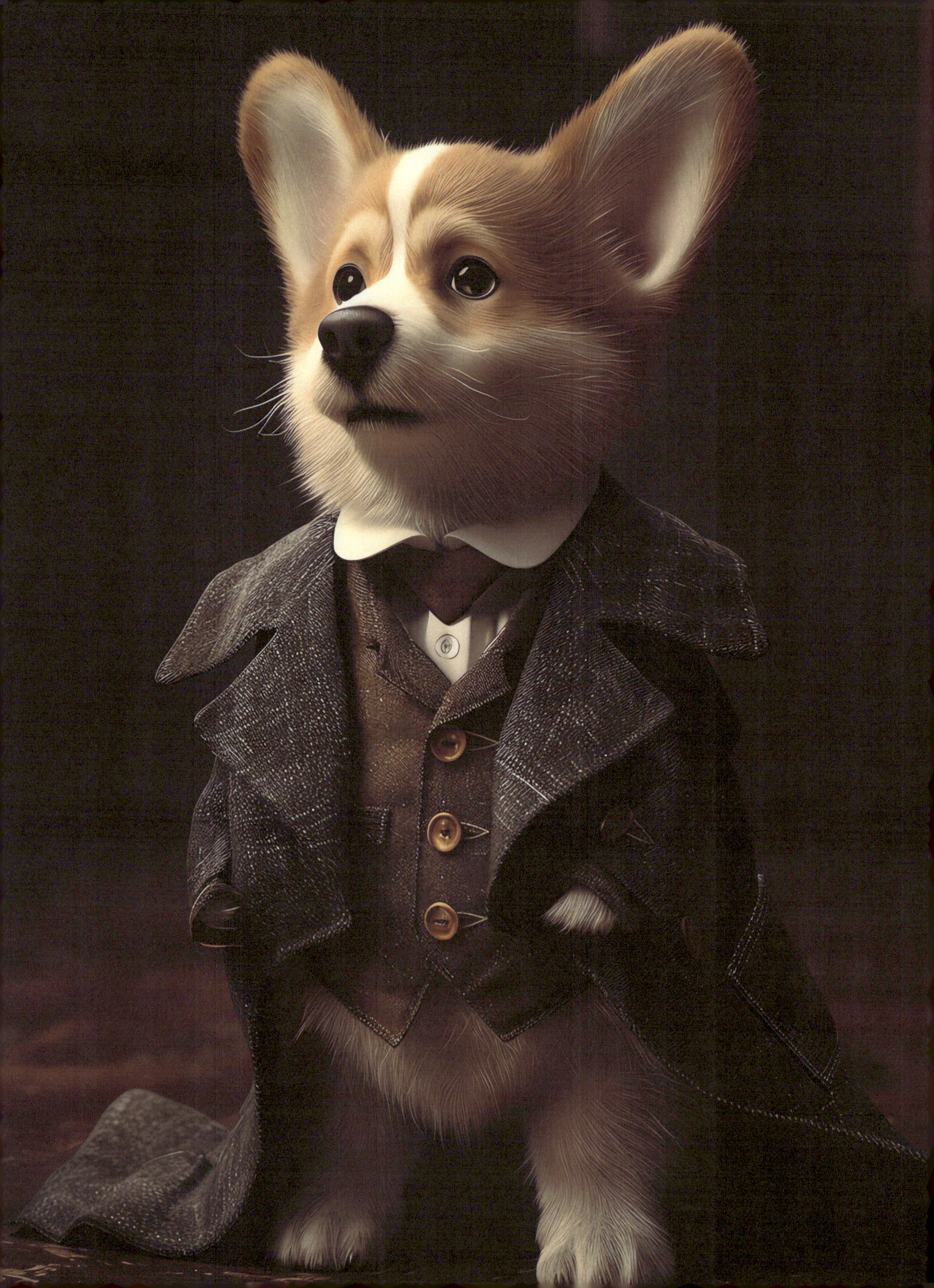

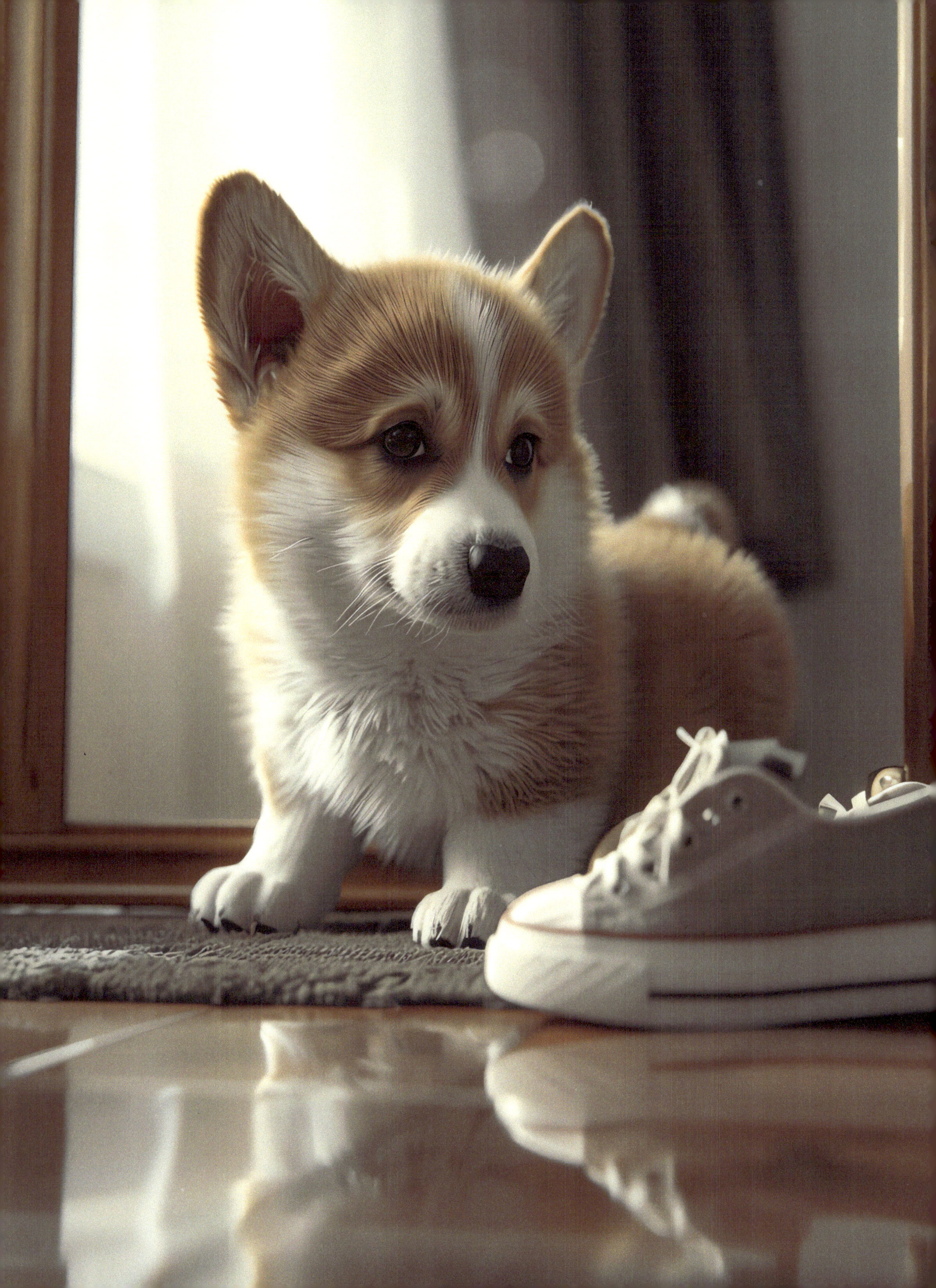

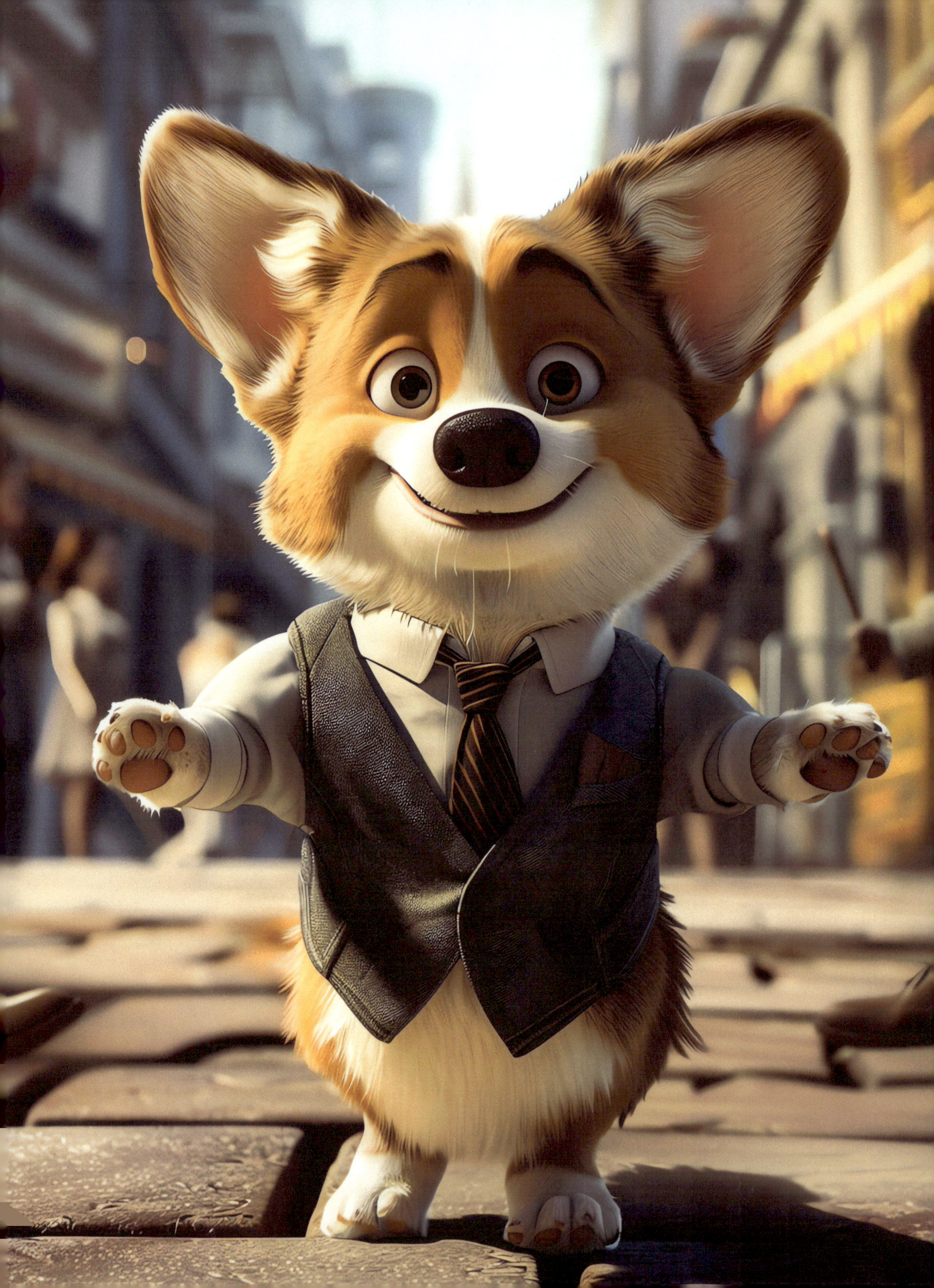

www.ingramcontent.com/pod-product-compliance
Lightning Source LLC
Chambersburg PA
CBHW040428220526
45473CB00004B/1378
* 9 7 9 8 3 0 1 2 0 3 2 3 7 *